Egon Komorzynski

Emanuel Schikaneder

Der Vater der Zauberflöte

Egon Komorzynski

Emanuel Schikaneder

Der Vater der Zauberflöte

Neff

Neff's kleine Bibliothek der schönen Künste

Printed in Germany
ISBN 3-7014-0293-0

Umschlaggestaltung: Graupner & Partner, München
Satz: MPM, Reitmehring
Druck und Bindung: Ebner Ulm

INHALT

VORWORT

1901 — im Jahr des hundertjährigen Bestandes des Theaters an der Wien — erschien mein Buch „Emanuel Schikaneder. Ein Beitrag zur Geschichte des deutschen Theaters"; die erste wahrheitsgetreue Darstellung von Schikaneders Leben und Wirken, in der ich als erster die völlige Unwahrheit der in Otto Jahns „Mozart" enthaltenen sogenannten „Entstehungsgeschichte" der „Zauberflöte" behauptete und bewies. Die Ergebnisse meiner Arbeit wurden von allen neueren Mozartbiographen anerkannt und übernommen — so von Karl Storck, Eugen Schurig und besonders von den späteren Bearbeitern des Jahnschen „Mozart", Hermann Deiters und Hermann Abert. Ich habe die Arbeit meines ganzen Lebens der „Zauberflöte" gewidmet und in Büchern, Zeitschriften und Jahrbüchern immer wieder neue Beiträge zur Erkenntnis und richtigen Beurteilung Schikaneders und der „Zauberflöte" veröffentlicht. Eine Erneuerung meiner Schikanederbiographie auf Grund der letzten Resultate der wissenschaftlichen Forschung, die *alles* zum Gegenstand Gehörige zusammenfaßt, wird im Verlag Ludwig Doblinger in Wien erscheinen — sie enthält die Summe meiner Lebensarbeit.

Mehrere Gründe haben mich bewogen, noch vor dem Erscheinen dieses ausführlichen Werkes eine Schilderung von Schikaneders Leben zu veröffentlichen, die, unbeschwert durch wissenschaftlichen Ballast, frei von Gelehrsamkeit, jedem Freund der Kunst Gelegenheit gibt, den Freund Mozarts und Dichter des Textes der „Zauberflöte" menschlich kennenzulernen und sich über ihn ein gerechtes Urteil zu bilden. Halbbildung und Unwissenheit, Unkenntnis und oberflächliche Abschreiberei haben sein Bild verzerrt, und keiner von den Verleumdern bedenkt, daß jede Schmähung Schikaneders zugleich eine Herabsetzung Mozarts ist. Das vorliegende Buch setzt dem unwahren, bis zum Überdruß wiederholten Klatsch die Wahrheit entgegen; es wendet sich nicht an den Fachgelehrten, sondern an alle gebildeten Freunde des Theaters und der Musik, besonders an die Freunde der Vergangenheit und des „alten Wien" — der Zeit und der Stadt, in der „Die Zauberflöte" entstanden ist. Lückenlose Vollständigkeit war dabei nicht von mir beabsichtigt und wäre mit der Behandlung des Stoffes und der Art der Darstellung gar nicht vereinbar gewesen; ich verweise den Leser dieses Buches, dessen Interesse für Schikaneder, seine Zeit und Umwelt geweckt wurde, auf meine oben erwähnte ausführliche Biographie.

Bei meiner Arbeit bin ich vielfach unterstützt worden. Wertvolle Auskünfte verdanke ich den Pfarrämtern in Regensburg, Straubing und Köfering, Herrn Studienrat Dr. Hermann Endrös in Augsburg, Herrn Studienrat Dr. Karl Schädle in Regensburg, Herrn Oberarchivrat Dr. Freytag in Regensburg, Herrn Kapellmeister Karl Maria Pisarowitz in Hausen (Bayern), Herrn Gustav Gugitz und Herrn Ingenieur Herbert A. Mansfeld in Wien; das Fürstlich Thurn und Taxissche Zentralarchiv in Regensburg hat mir mit freundlichstem Entgegenkommen alle von mir gewünschten Akten zur Verfügung gestellt. Ihnen allen spreche ich meinen besten Dank aus. Besonders herzlich danke ich meinen oftbewährten, unermüdlichen Helferinnen: Frau Dr. Hedwig Kraus, Direktorin des Archivs der Gesellschaft der Musikfreunde in Wien, und ihrer Assistentin Fräulein Praxedes Radulescu; ferner dem Direktor des Archivs der Stadt Wien, Oberarchivrat Dr. Rudolf Geyer, und den Beamten dieses Archivs Roman Uhl und Leopold Holkub.

Prof. Dr. Egon Komorzynski

Magna est vis veritatis
et praevalebit

ABSTAMMUNG UND HERKUNFT

Seit 1663 war der in der alten freien Reichsstadt Regensburg tagende „allgemeine Reichstag" permanent geworden und die Fürsten, die bis dahin persönlich auf den Reichstagen erschienen waren, ließen sich von nun an durch „Gesandtschaften" vertreten, die in Regensburg ihren ständigen Aufenthalt hatten. Zum „Prinzipalkommissarius" und damit zum Vertreter des Kaisers auf dem allgemeinen Reichstag wurde 1748 von Kaiserin Maria Theresia und deren Gemahl Franz I. Alexander Ferdinand, Fürst von Thurn und Taxis, ernannt, der, damals 44 Jahre alt, die Regierung seines durch reichen Grundbesitz und durch das Erbgeneralpostmeisteramt im Reich und in den Niederlanden zu Reichtum und Ansehen gelangten Hauses von Frankfurt am Main nach Regensburg verlegte. Die fürstliche Hofhaltung und die Anwesenheit der vielen Gesandtschaften brachten der Stadt Regensburg und deren Einwohnern großen Gewinn: Aufwand und Pracht wurden entfaltet, ein Theater mit französischen Komödianten und italienischen Sängern unterhalten, Feste und Vergnügungen gaben Gelegenheit zu Geldverdienst; der Hof des Fürsten, der Reichstag und die Gesandten beschäftigten viele Hunderte von Angestellten und Bedienten. Aber auch schon vor der Übersiedlung der Thurn und Taxisschen Hofhaltung nach Regensburg galt die Stadt als Sitz des Reichstags für eine Stätte, an der man sein Glück machen könne, und mancher trachtete danach, dorthin zu kommen. So setzte auch Joseph Schickeneder, ein „Herrbedienter zu Straubing", der mit der gleichfalls bei der „diesortigen Herrschaft" bediensteten Juliana Schießl aus Wettzell im Bayerischen Wald verlobt war, seine Hoffnung auf Regensburg. Im Herbst 1745 reichte das Brautpaar beim Regensburger bischöflichen Ordinariat ein Gesuch ein mit der Bitte, das Konsistorium möge, da der Bittsteller schon sechs, seine Braut fünf Jahre in Straubing diene, er aber „zu Regensburg bey nächstens ankommender Hochansehnlicher Gesandschaft Dienste suchen, somit mit der Bittstellerin dorten ins khünftig verbleiben werde“, veranlassen, daß die Brautleute möglichst bald nach in Straubing erfolgter dreimaliger Verkündigung in der Regensburger Dom-Pfarre St. Ulrich getraut würden, weil sie im selben Haus „ohncopulirter in die Läng nit gern miteinand beysamb wohnen“ wollten. „Zur gnädigsten Bitts-Erhör wir uns anbey underthänig demüthigst empfehlen.“

Dieses Gesuch wurde im Oktober 1745 bewilligt: Nach am 20. und 21. Sonntag nach Pfingsten und dem dazwischen liegenden Feiertag Simons und Judae (28. Oktober) in Straubing erfolgter Verkündigung wurden am 6. November 1745 in Regensburg bei St. Ulrich getraut: Joseph Schickeneder, ehelicher Sohn des Jakob Schickeneder und seiner Gattin Elisabeth, und Juliana Schießl, eheliche Tochter des Wolfgang Schießl, Schneiders in Wettzell, und seiner Gattin Maria. Drei Kinder aus dieser Ehe wurden in Regensburg geboren und bei St. Ulrich getauft: am 2. November 1746 ein Sohn Urban, am 3. Januar 1748 ein Sohn Johann Joseph und am 1. November 1749 eine Tochter Anna Katharina. Die Taufbücher lassen erkennen, daß die Hoffnung Schickeneders auf eine Stelle bei einer „Hochansehnlichen Gesandtschaft“ unerfüllt blieb und daß er sein Leben kümmerlich fristen mußte: 1746 war er ein „acola“, das heißt ein Einwohner ohne Stellung, 1748 Bedienter bei der Gräfin von Bogen, 1749 Aushilfsdiener beim Herrn Kanonikus von Schott an der alten Kapelle. Dann verließ das Ehepaar Regensburg und begab sich wieder nach Straubing. Die Kinder hatte es in Regensburg zurückgelassen; dort starb der 1748 geborene Sohn Johann Joseph als zweijähriges Kind am 17. März 1750, die Eintragung in das Sterbebuch von St. Ulrich nennt als Vater „Joseph Schickeneder, famulus bei Seiner Gnaden dem Herrn Pfarrer in Straubing". In Straubing wurden zwei Kinder geboren und getauft: am 1. September 1751 ein Sohn, der wieder die Namen Johann Joseph bekam, und am 22. August 1753 eine Tochter Maria — als Vater ist beide Male bezeichnet: Joseph Schickeneder, zur Zeit famulus beim Herrn Pfarrer in Straubing.

Damit enden die Eintragungen in Taufbüchern, und es ist aus Kirchenmatrikeln weiterhin überhaupt nichts über das Schicksal der Familie Schickeneder zu erfahren. Erst am 26. Dezember 1789 enthält das Sterbebuch von St. Ulrich in Regensburg die Eintragung, an diesem Tag sei gestorben „Juliana, Josephi Schickeneders, vormals Bediensteten beim durchlauchtigsten Grafen von Lerchenfeld in Köfering, hinterlassene Witwe", an der Wassersucht, 72 Jahre alt. Die einstige Kammerzofe bei der „Herrschaft zu Straubing", Juliana Schießl, war also nach dem Tod ihres Gatten als Witwe wieder nach Regensburg gezogen und dort im Alter gestorben; ihr Mann aber war zuletzt beim Grafen von Lerchenfeld bedienstet gewesen. Die gräfliche Familie von Lerchenfeld gehört zum Uradel Bayerns und läßt sich bis ins elfte Jahrhundert zurückverfolgen. Ihr Stammsitz ist das zwischen Straubing und Regensburg gelegene Lerchenfeld; einer ihrer Zweige gehörte zu den Vollbürgern von Regensburg, ein anderer zu den Patriziern von Straubing; die in Köfering bei Regensburg ansässige Linie ward 1698 in den Reichsgrafenstand erhoben, die Familie stand in Verbindung mit den Grafen von Bogen. Schickeneder mag schon in Straubing Bedienter im dortigen Lerchenfeldschen Haus gewesen sein, seine Stelle bei der Gräfin von Bogen in Regensburg ermöglichte ihm wohl die Erlangung der Anstellung in Köfering; dort war er mehr als ein Bedienter, vielleicht wurde er als Musiker beschäftigt. Die Taufbücher von Regensburg, Straubing und Köfering verzeichnen keine Geburt eines Kindes mehr, in sämtlichen Kirchenbüchern von Köfering kommt der Name Schickeneder nicht vor. Wann und wo Joseph Schickeneder gestorben ist, konnte ich nicht feststellen — in Regensburg, Straubing und Köfering ist er nicht begraben worden; die Lerchenfelds hatten in der südlichen Umgebung Regensburgs so viele Besitzungen, daß er leicht an einem andern Ort gestorben und begraben worden sein kann.

Die allgemein verbreitete Angabe, „Emanuel Schikaneder" sei 1751 in Regensburg geboren, bedarf der Richtigstellung. Er hat weder Emanuel noch Schikaneder geheißen und stände, wäre er in Regensburg geboren, gewiß in einem Regensburger Taufbuch. Seine Mutter hat erwiesenermaßen am 1. September 1751 in Straubing einen Sohn Johann Joseph zur Welt gebracht — sie kann nicht im selben Jahr auch einen Sohn Emanuel in Regensburg zur Welt gebracht haben. Daraus folgt: Mozarts Freund, der Textdichter der „Zauberflöte", ist der 1751 in Straubing geborene Johann Joseph Schickeneder, der nach dem frühen Tod seines Vaters mit der Mutter nach Regensburg übersiedelte und dort aufwuchs. Selbst wenn er einen Taufschein besaß, ist es begreiflich, daß die Stadt, in der er seine Kindheit und Jugend verlebte, ihm wie eine Vaterstadt wurde — seine frühesten Erinnerungen waren mit Regensburg verbunden. Er ist nicht der einzige, der nicht genau wußte, wie sein Zuname richtig geschrieben werden müsse, und er ist nicht der einzige Schauspieler, der sich einen selbst gewählten Namen beilegte — daß er die sehr gewöhnlichen Namen „Johann" und „Joseph" lieber durch „Emanuel" ersetzte, wird ihm niemand übelnehmen können. Er hat sich übrigens noch 1787 und später in Gesuchen und andern Schriftstücken als „Johann Emanuel Schikaneder" unterschrieben.

VOM MUSIKANTEN ZUM SCHAUSPIELER „DIE LYRANTEN ODER DAS LUSTIGE ELEND“

Die Armut stand an der Wiege des Kindes, sie begleitete den Knaben in das Jünglings- und Mannesalter. Der frühe Tod des Vaters brachte die Familie in Not: Die Witwe erhielt sich kümmerlich durch einen kleinen Handel mit Heiligenbildern und Gebetbüchern, den sie in einer an den Dom gebauten Bude betrieb — die Kinder mußten früh selbständig werden. Ihnen ward die vom Vater ererbte musikalische Begabung nützlich. Urban wurde Musiker; er wurde Hornist im Orchester des Bischofs von Freising, heiratete zwanzigjährig in Freising die Anna Maria Pfartl, kehrte aber bald nach Regensburg zurück und blieb zunächst dort (das Taufbuch von St. Ulrich nennt ihn bei der Geburt zweier Söhne 1773 und 1775 „Musikus“). „Emanuel“ — ich will ihn schon jetzt so nennen — besuchte das Gymnasium (er tat sich später viel darauf zugute, daß er „die Humaniora studiert“ habe), verdiente schon als Kind durch sein Geigenspiel Geld, spielte als Schüler in den Ferien und an Sonntagen auf den Dörfern den Bauern zum Tanz auf; er verließ endlich zusammen mit zwei Gefährten, Deindel und Herold, Regensburg und wurde ein wandernder Musikant, ein „Lyrant“. Er kam dabei viel herum, lernte das Leben von der harten Seite kennen, fand sich aber mit Humor in alle Lagen. Dabei hatte er Gelegenheit, den Vorstellungen wandernder Theatertruppen beizuwohnen, und 1773 wurde er in Augsburg Mitglied einer solchen Truppe, wahrscheinlich zunächst als Musiker — bald aber regte sich in ihm ein angeborenes Talent für die Bühne, und er wurde Schauspieler, bewährte sich als solcher und war durch seine Leistungen bald bekannt und berühmt.

1775 nennt ihn der Gothaische Theaterkalender als „Liebhaber“ der Gesellschaft des angesehenen Prinzipals Andreas Schopf, die damals in Innsbruck spielte; er war Regisseur, Sänger, Musiker und Theaterdichter und ein von ihm verfaßtes und in Musik gesetztes Singspiel wurde mit großem Erfolg aufgeführt, oft wiederholt und mit der Jahreszahl 1776 in Innsbruck gedruckt, von wo es bald die Runde über die deutschen Bühnen antrat.

„‚Die Lyranten oder Das lustige Elend‘, eine komische Operette in dreyen Aufzügen, verfaßt von Herrn Schickaneder, Mitglied des k. k. Hoftheaters in Innsbruck“ ist auf dem Titelblatt des Büchleins zu lesen, mit dem er sich der Öffentlichkeit als dramatischer Schriftsteller vorstellte. In einer „Vorerinnerung“ sagt er: „Da das Publikum diesen ersten Versuch eines der Schaubühne gewidmeten Liebhabers der Musen mit einigem Beyfalle aufgenommen hat, so hat sich derselbe überreden lassen, dieses Stück nach vorgenommenen merklichen Verbesserungen in den Druck zu geben. Liebhaber der Musik und des Theaters, die Geschmack haben, werden ihm je nach dem Grade des Beyfalles Aufmunterung oder Stillschweigen zuwinken. – Wenn jemand die Musik zu den Arien verlangte, müßte er sich an den Verfasser wenden, der zugleich der Komponist davon ist.“

Wer dieses erste Bühnenstück Schikaneders liest, dem wird verständlich, daß es einen den Dichter zu weiteren Leistungen ermutigenden Erfolg hatte. Es ist ein rechtes Schauspielerstück, das seine Wirkung durch die Kunst der Darstellung bekommt, und es gibt in ihm keine undankbare Rolle. In der ungezwungenen Anlage und Durchführung der schlichten, harmlosen Handlung steckt eine echt dramatische Entwicklung und Steigerung. Eine wohltuende flotte Lebendigkeit und ein urwüchsiger Humor geben den Ereignissen besonderen Reiz. Das alles ist um so bemerkenswerter, als der Verfasser jung und noch ohne jede Übung und Erfahrung war; desto deutlicher wird seine natürliche Begabung, die ihn sehr geschickt das Richtige treffen läßt. Zwei Vorzüge machen dieses Erstlingswerk besonders sympathisch. Es ist ein Singspiel, in dem die Musik nicht bloß zur Unterstützung des szenischen Geschehens dient, sondern das die Musik selbst zum Stoff hat und dessen Handlung die Macht der Musik veranschaulichen soll, und der Verfasser steht auf eigenen Füßen, er hat seine Schöpfung ohne Phrase „aus dem Leben gegriffen". Völlig selbständig tut er den Griff hinein ins volle Menschenleben, gestaltet, was er selbst erlebt und miterlebt hat, und gibt seiner Darstellung einen persönlichen Zug, den Anflug einer poetischen Beichte. Sein Werk hebt sich als ein von Gemüt und Humor erfülltes, frisches, farbiges Lebensbild vorteilhaft ab von dem Durchschnitt der landläufigen „Operetten"; in ihm ist wirkliches Geschehen, seine Personen sind nicht Schablonen und Figuren, sondern eigenartige Charaktere.

Die Handlung des Stücks bildet „das lustige Elend", das heißt, das Leben und die Abenteuer von drei „Lyranten", die voneinander grundverschieden sind: Leichtsinn, Stock und Vogel. Leichtsinn ist ein jugendlicher Taugenichts, der von sich sagt: „Für die Arbeit bin ich nicht geschaffen" — er ist zu jedem lustigen Streich bereit und, da er sich für unwiderstehlich hält, in jedes weibliche Wesen sofort verliebt. Stock ist der Typus des altgewordenen Bummlers, der manchmal ein bequemeres Leben vorzöge; die Mädchen, denen er zu alt und bärtig ist, meiden ihn, doch er tröstet sich mit der Erinnerung an einstige Liebesabenteuer und mit dem Branntwein. Vogel hat sich den beiden angeschlossen, weil er, aus gutem Hause stammend, infolge eines Mißverständnisses seiner Familie entlief; er bereut seine durch jugendlichen Trotz erfolgte Übereilung und sehnt sich heim. Sehr anschaulich wird vorgeführt, wie Stock im Wald seine zerrissenen Strümpfe flickt, während Leichtsinn sich in der an einem Baum befestigten Scherbe eines zerbrochenen Spiegels besieht und eine geknickte Unschlittkerze als Haarpomade benützt. Der schwermütige Vogel aber lernt auf einer Waldlichtung Rosina, die Nichte der Dorfwirtin, kennen und verliebt sich in das treuherzige Mädchen. Der Schulmeister, der die „Lyranten“ als vermeintliche Räuber verhaften soll, erkennt in Stock einen Studienkollegen und lädt ihn und Leichtsinn als seine Gäste ins Wirtshaus ein; doch die Wirtin, eine junge, nicht auf den Mund gefallene Witwe, weigert sich, so fragwürdige Reisende zu bewirten. Aber ein Bauer spendet Rauchfleisch, der Schulmeister bringt Wein, und Leichtsinn stiehlt aus einem Hühnerhof einen „Kapauner“. Da Leichtsinn der Wirtin sehr galant schmeichelt, ist diese bald versöhnt; sie und Leichtsinn überbieten einander im Singen von Liebesliedern, sie läßt durch Rosina „vom Besten“ einschenken, und endlich singt auch Stock eine Arie, in der er die Zaubermacht der Musik preist, die „das wütige Weib“ zur Räson gebracht hat, wie einst Löwen und Geier durch das Spielen von Orpheus’ Leier zum Tanzen gezwungen wurden. „Ich hab’ ja gesagt, die Musik verändert die Leidenschaften!“ ruft er aus. Endlich gehen alle auf den Tanzboden, der Schulmeister trägt Stocks Baßgeige, eine „Arie von allen“ gibt der allgemeinen Freude Ausdruck. – Während vom Tanzsaal die Musik herüberklingt, erscheint der von der Wirtin zu einer Aussprache in die Gaststube bestellte Leichtsinn, der die ihn zum Geigenspiel holen kommende Rosina küßt und ihr eine Liebeserklärung macht; er wird dabei von der Wirtin belauscht, die Rosina auf den Tanzboden schickt und Leichtsinn, der sein Benehmen gegen Rosina für bloßen „Spaß“ erklärt, Glauben schenkt. Sie schlägt ihm vor, lieber eine Witwe zu heiraten. Leichtsinn fällt ihr zu Füßen, nennt sie, ihre Hände küssend, „mein liebes Weibchen, mein Kirschengeistchen“ und wird dabei vom Schulmeister, Stock und zwei Bauern ertappt. Die gute Laune steigt, als der Schulmeister von Gelehrsamkeit und Politik zu schwatzen anfängt und die Schulmeisterin betrunken kommt, um ihren Mann abzuholen. Da erscheint „der Landpfleger“ mit Jägern und Bauern, um die angeblichen

Räuber zu verhaften; die Wirtin nimmt sich der Musikanten an — aber als der Schnappsack geöffnet wird, um die Pässe herauszuholen, wird der darin versteckte „Kapauner" sichtbar. Doch der Landpfleger ist ein Mann von Welt; er überzeugt sich von der Ungefährlichkeit der Lyranten und verzeiht auch den Diebstahl des Kapauners. Als Gerichtsdiener den arretierten Vogel bringen, erkennt der Landpfleger zu seiner Bestürzung in diesem seinen entlaufenen Sohn; nach einer Aufwallung des Zorns versöhnt er sich mit ihm und willigt in dessen Heirat mit Rosina. Die Wirtin stellt Leichtsinn als ihren Bräutigam vor, Stock wird auf Vogels Fürbitte Schreiber beim Landpfleger und letzterer spricht die mahnenden Worte: „Ich hoffe, Sie werden alle zufrieden sein. Sie sind endlich glücklich gewordene Lyranten — aber viel glücklicher diejenigen, die sich ihres Glückes beizeiten versichern!" Alle vereinigen sich in dem Schlußchor:

„Es verschwindet alles Leiden
Und das widrige Geschick.
Dieser Tag bringt neue Freuden,
Er bringt allen neues Glück!"

Wir dürfen nicht an diese anspruchslose Leistung einen falschen Maßstab legen. Für Schikaneder gab es nur einen Zweck: die Möglichkeit der Aufführung, es gab für ihn nur ein Ziel: den Erfolg beim Publikum, und daher nur eine Richtschnur: den Geschmack des Publikums. Er mußte etwas Brauchbares liefern, und er schuf mit Talent und Geschick ein Stück, mit dem Publikum und Darsteller zufrieden sein konnten und das unter der Maske eines bloß der Unterhaltung dienenden Spiels einen ernsten, erzieherischen Grundgedanken behandelte. Die Art, wie er seine persönlichen Erlebnisse verwertete, mag neben der Kunst, die die Schauspieler auf ihre Rollen — er selbst gab den Leichtsinn — und die Ausnützung der Situationskomik verwendeten, die Wirkung erreicht und gesichert haben. Der unwiderstehliche Humor mancher Szenen macht diese Wirkung begreiflich. Als Vogel dem Landpfleger seine Liebe zu Rosina gesteht, ruft die Wirtin, die kurz vorher Leichtsinns Liebeserklärung an Rosina belauscht hat, aus: „Wie! Kennst du den Herrn auch schon wieder? Ich glaube, das Mädel ist auf der Universität gewesen, daß sie mit einem jeden Studenten bekannt ist!" Und welchen Beifall mag es erregt haben, wenn der ältliche Stock mit seinem Stoppelbart prahlte: „Aber ich denke doch an eine goldene Zeit, wo die Frauenzimmer um mich herumschlichen als wie die Kätzchen; alles war in meine ansehnliche Physiognomie verliebt, und das Frauenvolk zankte sich ordentlich um meine Liebe. Es fliegt ja mit den Frauenzimmern herum wie mit den Maikäfern; sie henken sich den Vorübergehenden haufenweise an." Und gerade Stock singt die „Arie", die bald in halb Deutschland bekannt war und auch in Wien allgemein gesungen wurde:

„Ein Weibsbild ist ein närrisch Ding.
Wenn man ihr Komplimente macht,
So wird sie gleich verliebt gemacht —
Ein Weibsbild ist ein närrisch Ding.

Wenn man nur einem Manne gleicht,
So wird ihr Herzchen gleich erweicht —
Ein Weibsbild ist ein närrisch Ding.

Geht man nicht ihre Liebe ein,
So stirbt sie fast vor Liebespein —
Ein Weibsbild ist ein närrisch Ding.

Kaum bricht der frühe Morgen an,
So bittet sie um einen Mann —
Ein Weibsbild ist ein närrisch Ding!"

Als Schikaneder sein erstes Singspiel schrieb, ahnte er nicht, daß er einmal Theaterdirektor in Wien sein und einen Operntext für Mozart schreiben werde. Zwischen den „Lyranten" und der „Zauberflöte" liegt die Erfahrung eines ganzen Lebens. Dennoch haben beide Werke gewisse Berührungspunkte. Schikaneder war im Grund seines Wesens Musiker; Mozarts Freundschaft mit Emanuel beruhte ja auf dessen Liebe zur Musik und Verständnis für Theater und Bühnenkunst — einem Verständnis, das Goethe im „Vorspiel auf dem Theater" im „Faust" gerecht anerkannt hat. In den „Lyranten" ist die Musik die Grundlage und treibende Kraft der Handlung; die eingelegten Lieder ergeben sich aus deren Entwicklung und tragen zu dieser Entwicklung bei, indem durch den Gesang die Stimmung der Personen beeinflußt und gelenkt wird. So liegt dem scheinbar nur aus lose verbundenen Zufällen bestehenden Geschehen eine tiefere Absicht zugrunde, die Ereignisse werden durch musikalische Wirkung zusammengehalten und die Lieder sind nicht gezwungene „Einlagen", sondern sie dienen der dem Ganzen innewohnenden Idee. Durch ein von ihr gesungenes Lied gewinnt Rosina Vogels Liebe, er singt ihr darauf ein Lied vor; und wie die Herzen in gleicher Neigung entbrennen, vereinen sich beider Stimmen in einem Duett; die Wirtin, durch Leichtsinns Lieder umgestimmt, gibt ihrer eigentlichen Natur in Liedern Ausdruck; auch Stock nimmt an dieser Erschließung des Innenlebens durch Gesang teil, und schließlich trägt auch der Schulmeister der allgemeinen freudigen Stimmung Rechnung und unterhält die Gesellschaft durch ein Lied, in dem er seine Lebensauffassung verkündet. Dadurch wird eine Vertiefung der Handlung erreicht, die Gewalt der Tonkunst wird zum künstlerischen Zweck des Ganzen und macht „Die Lyranten" zu einem wirklichen „Singspiel" im besten Sinn. Aber auch der lebensfrische Humor, der in der „Zauberflöte" ein Gegengewicht zur gefühlstiefen Handlung bildet, findet sich schon in den „Lyranten". Papageno, der sich „ein Mädchen oder Weibchen“ wünscht und der Sarastros Küche und Keller höher schätzt als das himmlische Vergnügen der Eingeweihten, ist gleichsam vorausgeahnt durch Leichtsinns Vorliebe für Weiber und durch Stocks unbeirrbare Gefräßigkeit und Sucht nach Wein, die ihn gegen alles andre gleichgültig werden läßt. Der Hinweis aber auf die Macht der holden Töne, durch die selbst wilde Tiere gezähmt werden, zeigt, daß in jenem harmlosen Singspiel, mit dem Schikaneder seine Laufbahn als Theaterdichter begann, manches im Keim enthalten war, das sich später entfaltete. Und Stocks Bemerkung: „Ich hab' ja gesagt, die Musik verändert die Leidenschaften!“ deckt sich fast mit den Worten der Damen der sternflammenden Königin, die Tamino die Flöte geben und dabei singen: „Hiemit kannst du allmächtig handeln, der Menschen Leidenschaft verwandeln!“

Schikaneders Singspiel, das mit des Verfassers Musik bald überall in Süddeutschland und Österreich aufgeführt wurde, erfreute sich dauernder Beliebtheit, es wurde und blieb — wie die späteren Werke Emanuels — ein Zugstück. In Wien gab man es seit 1781 in dem neugegründeten Leopoldstädter Theater, es blieb ein Liebling des Wiener Publikums, wurde dort noch weit ins 19. Jahrhundert auch unter dem Titel „Die Bettelstudenten“ aufgeführt und war der Vorläufer und das Vorbild von Nestroys Posse „Der böse Geist Lumpazivagabundus oder Das liederliche Kleeblatt“ — aus Schikaneders verliebtem Leichtsinn, versoffenem Stock und solidem Vogel sind Nestroys Zwirn, Knieriem und Leim geworden, und der böse Geist Lumpazivagabundus nennt sich bei Nestroy mit Stolz der „Beherrscher des lustigen Elends“.

Schikaneder hat „Die Lyranten“ gleich vielen anderen deutschen Singspielen aufgeführt, als er 1780 mit seiner eigenen Truppe in Salzburg spielte. Mozart hat das Werk seines Freundes damals kennengelernt, und er hatte es nicht vergessen, als er nicht lang nachher in Wien „Die Entführung aus dem Serail" schuf. In den „Lyranten" ist der „Landpfleger" eine Sprechrolle, die einzige von den auftretenden Personen, die nicht zu singen hat; er tritt erst zuletzt auf und vertritt die obrigkeitliche Gewalt, die zu richten und zu strafen hat. Nachdem er nahe daran war, im Zorn zu handeln und unbarmherzig vorzugehen, entschließt er sich zur Milde — er verzeiht, wo er verdammen könnte, und er will das Liebesglück der Herzen, die einander zugetan sind, nicht zerstören und willigt in die Heirat Vogels und Rosinens. Eine geistige Verwandtschaft besteht zwischen ihm und Bassa Selim, der durch seine Großmut Belmonte und Konstanze glücklich macht. Wir finden dadurch Schikaneder, der in der „Zauberflöte" sich mit Mozart so eng verband, schon früher auf dem Weg, dessen Ziel jene Verbindung sein sollte.

VOM SCHAUSPIELER ZUM „DIREKTEUR"
„HERR UND MADAME SCHIKANEDER"

Die zweite Hälfte des 18. Jahrhunderts war eine große Zeit, in der die Entwicklung des deutschen Theaterwesens eine entscheidende Wendung nahm. Aus dem fahrenden Volk der Komödianten wurden Schauspieler, die ihren Beruf ernst nahmen, aus den Wanderbühnen dauernde Theater, aus einer bloß der oberflächlichen Zerstreuung dienenden Gaukelei die Schauspielkunst, die ihr Ziel darin sah, das wirkliche Leben wiederzugeben. Während früher die Komödianten ein buntes Gemenge großenteils unbegabter und sittlich tiefstehender Menschen waren, in dem die wenigen Höherstehenden unter der Masse Minderwertiger und Wertloser fast verschwanden, fanden sich zunächst einzelne, bald jedoch immer mehr Edeldenkende, die mit Begeisterung und Beharrlichkeit versuchten, aus dem Theater eine Stätte künstlerischer Tätigkeit zu machen. Sie wurden zunächst von geistig bedeutenden Dichtern und Schriftstellern verstanden und unterstützt, und bald regte sich bei den Regenten und auch in der Bürgerschaft wohlhabender Städte der Wunsch, ständige „Schaubühnen" oder „Nationaltheater" zu schaffen, die den Bestrebungen der ernsten Schauspieler die Möglichkeit der Betätigung und der Existenz geben sollten. In Hamburg wollte das 1767 eröffnete Nationaltheater der Größe dieser Idee dienen, deren dauerndes Denkmal Lessings „Hamburgische Dramaturgie" geworden ist. Im Hamburger Theater brachte der große Schröder 1776 den „Hamlet" zur Aufführung und entfesselte damit ein allgemeines Interesse für Shakespeares Dramen. In Wien erklärte 1776 Kaiser Joseph II. das Hoftheater zur „Nationalschaubühne", der er 1778 ein „Teutsches Nationalsingspiel" angliederte, Schauspieler und Sänger waren Staatsangestellte, der Kaiser selbst kümmerte sich um das Schauspiel, das von der Bürgerschaft erbaute „Theater nächst dem Kärntnertor" wurde Eigentum des Hofes. Hand in Hand mit der Hebung der Schauspielkunst ging der Kampf des deutschen Singspiels gegen die allmächtige italienische Oper, die in den Hoftheatern der Regenten ihren festen Sitz hatte. In Leipzig fand die deutsche Oper eine Pflegestätte durch die von Christian Felix Weiße verfaßten, von Johann Adam Hiller komponierten Singspiele; Kaiser Josephs „Nationalsingspiel" war ein kühner Versuch, in der ganz von italienischer Musik beherrschten Kaiserstadt die deutsche Oper zu pflegen. An diesem großen Aufschwung des Theaters und am Eintreten für das deutsche Singspiel haben die wandernden Theatergesellschaften mit bestem Erfolg teilgenommen; der Fortschritt im Schauspielwesen, die Erziehung des Publikums zu besserem Geschmack und nicht zuletzt die Förderung der deutschen Oper sind das Verdienst der Wanderprinzipale, die trotz ihrer Sorge um die Existenz alles daransetzten, der Kunst im idealen Sinn zu dienen.

In diese Zeit eines bedeutenden Werdens fällt der Anfang von Schikaneders theatralischer Laufbahn. Sein erster Prinzipal Andreas Schopf genoß den besten Ruf und verfügte über ein treffliches Ensemble, mit dem er nach Beendigung der Innsbrucker Spielzeit vom Oktober 1776 bis Februar 1777 in Augsburg spielte. Der Spielplan, der Lessings „Minna von Barnhelm", „Miß Sara Sampson" und „Emilia Galotti", Shakespeares „Romeo und Julia", „Macbeth", „Richard III." und „Hamlet", Goethes „Clavigo" und Voltaires „Semiramis" aufweist, gab Schikaneder Gelegenheit zu vielseitiger Betätigung: Er spielte „Liebhaber, Stutzer und Tyrannen" und war „erster Sänger". In Augsburg heiratete er Eleonore Arth, ein Mitglied der Gesellschaft, das gleichfalls sehr verwendbar war (nach dem Gothaischen Theaterkalender 1777: „Prinzessinnen, junge sanfte Liebhaberinnen, naive Mädchen, Soubretten, singt und tanzt"). Schopf führte auch „Die Lyranten" auf und beabsichtigte, den unermüdlichen Bemühungen Schikaneders folgend, dem deutschen Singspiel besondere Pflege zu widmen; er begab sich von Augsburg nach Regensburg, und vielleicht war das der Grund dafür, daß Schikaneder und dessen Gattin die Truppe verließen und sich der an Schopfs Stelle tretenden Gesellschaft Moser anschlossen. Beide begaben sich zu Ostern 1777 nach Nürnberg und waren bald die Hauptstützen der Moserschen Truppe, die dort bis September spielte. Der Spielplan Mosers zeigt deutlich den Einfluß Schikaneders: Eine Reihe Shakespearescher Stücke wurde gespielt — Schikaneder gab den Hamlet, Macbeth, Richard III., Jago, „Madame Schikaneder" die Ophelia und Desdemona; auch in Dramen moderner Dichter (Gebler und anderer) hatten beide die Hauptrollen. Aber Emanuel ruhte nicht, bis Moser, der „Die Lyranten" mehrmals mit größtem Erfolg aufführte, die Weiße-Hillerschen Singspiele in sein Repertoire aufnahm: „Die Jagd", „Der Erntekranz", „Lottchen am

Hofe", „Die Liebe auf dem Lande", „Lisouart und Dariolette" fanden reichen Beifall; in jedem dieser Werke gab Frau Schikaneder die naiven Mädchen, ihr Mann die komische Hauptrolle und beider Spiel und Gesang wurden allgemein bewundert. Am 30. September 1777 eröffnete Moser die neue Spielzeit in Augsburg, Herr und Frau Schikaneder traten fast jeden Abend auf, die Fülle moderner Stücke und die Vorherrschaft Shakespeares, Lessings und des deutschen Singspiels läßt darauf schließen, daß Moser nur mehr dem Namen nach der Direktor war, Schikaneder aber der eigentliche Leiter. Eine Gastspielreise nach München brachte Emanuel einen ungeahnten Triumph als Hamlet im Residenztheater, der Intendant Graf Seeau trug ihm ein Engagement an. Doch während er die bedungene Zeit bei Moser ausspielte, starb dessen Frau, die ihren Mann in der Führung der Direktion sehr unterstützt hatte, am 18. Januar 1778; „wegen dem seligen Hintritt und Beerdigung der wohledlen Frau Barbara Moserin, Directrice, blieb den 20. und 21. Januar die Schaubühne verschlossen", am 22. fand eine Vorstellung von Hillers Singspiel „Die Liebe auf dem Lande" statt, dann folgte eine spielfreie Woche. Moser fühlte sich außerstande, die Direktion allein weiterzuführen; er bot Schikaneder Direktion und Gesellschaft für 2000 Gulden an, dieser schlug ein, sagte das Engagement in München ab und war nun Herr einer eigenen Theatertruppe. Am 28. Januar trat das Ehepaar Schikaneder wieder in seinen Glanzrollen als Graf Essex und Gräfin Rutland im Trauerspiel „Die Gunst der Fürsten" des Engländers Banks auf; nach Angabe des Augsburger Theaterjournals wurde „nach geendigtem Trauerspiele von Herrn Lorenz im Namen des Herrn Directeur Mosers vor die bishero erteilte Güte eines verehrungswerten Publici gedanket und somit angezeigt, daß die Gesellschaft von nun an dem Herrn Schikaneder zur Direktion übergeben worden ist." Damit hatte Emanuel sein erstrebtes Ziel erreicht: Er war Herr einer eigenen Gesellschaft, konnte eine Wirksamkeit nach seinen Wünschen entfalten. Er hatte den besten Willen, seine bisherige Tätigkeit war erfolgreich, das Gastspiel in München besonders hatte sein Prestige gehoben; in seiner Frau besaß er eine gleichgesinnte, eifrige Helferin, die übrigen Mitglieder der Truppe waren begabt, willig und gelehrig — im übrigen vertraute er auf das Glück, das ihm ja bisher hold gewesen war.

DIREKTION
IN AUGSBURG, STUTTGART, NÜRNBERG
WACHSENDER RUHM

Die Stadt Augsburg verlängerte dem neuen Direktor entgegenkommend die Spielzeit, die er mit dem Drama eröffnete, das ihn in der Theaterwelt berühmt gemacht hatte: „Hamlet". Dann verließ „die Schikanedersche Gesellschaft" Augsburg und spielte zunächst bis Ende Mai 1778 in Ulm. Den Sommer verbrachte man in Stuttgart — bis zum 8. September. Er und seine Leute ernteten Triumph auf Triumph. Die Gesellschaft bestand aus 29, das Ballett aus 22 Personen. Schikaneder, seine Frau und Mosers Pflegetochter Fräulein Miller rissen als Träger der wichtigsten Rollen das Publikum zu begeisterter Zustimmung hin, und ihr lebenswahres Spiel bewog sogar die Kritik nicht nur zum Lob, sondern zu ernstem Eingehen auf Sinn und Wert der aufgeführten Stücke. Emanuel gab „erste Liebhaber, edle Väter, Könige, Helden und Bauern, kurz, alle affektvollen, Anstand oder Laune erfordernden Rollen" und war „erster Sänger"; Eleonore „erste Liebhaberinnen und Heldinnen im Lust- und Trauerspiel, Bäuerinnen, junge und naive Mädchen" und war „erste Sängerin"; Fräulein Miller gab

Liebhaberinnen und Heldinnen, zärtliche Mütter im Trauerspiel, war erste Soubrette und zweite Sängerin. Die Theaterjournale urteilten durchaus günstig: „Herr Schikaneder, Direkteur einer deutschen Schauspielgesellschaft, spielte den Hamlet so meisterlich, daß er, wie ihm unlängst in München diese Ehre widerfuhr, hervorgerufen und gezwungen wurde, den letzten Auftritt zu wiederholen. Rühmlich genug für den jungen Künstler, der ein vielversprechender Schauspieler und nebenher ein reizender Sänger ist..." „...Schikaneder, der Prinzipal, hat von Natur einen Wuchs und eine Bildung, welche keine Rolle verderben können. Hierzu kömmt noch ein fürtreffliches Aug und eine besondre Stärke in der Gebärdensprache. Daher gefiel er mir in der Person Hamlets, dem der unnachahmliche Dichter das schwere Los aufbürdete, den stärksten Grad des Schmerzes, den heftigsten Zorn und die glühendste Rache nicht in Worten und Handlungen auszudrücken, sondern zu fühlen und zu verbeißen und die unaufhaltbaren Ausbrüche dieser Leidenschaften vor dem gewünschten Augenblick unter der Maske des Wahnwitzes zu verbergen, am besten; und ich glaube nicht, daß es redendere Augen und Mienen geben kann, als Schikaneder in diesem Stück hatte."

Der Spielplan beruhte auf der Absicht der Vielseitigkeit: Da das Publikum aus verschiedenen Elementen bestand, mußte man sowohl dem feineren Geschmack wie dem Unterhaltungsbedürfnis und der Schaulust gerecht werden. Demgemäß führte Schikaneder Shakespeare, Lessing, Goethes Erstlingswerke auf, die Hillerschen Singspiele und Georg Bendas 1775 komponierte „Ariadne auf Naxos", das erste deutsche Melodrama; doch pflegte er andererseits die bloß auf Effekt gearbeiteten Schau- und Rührstücke, die in der Nachfolge des „Götz von Berlichingen", der „Minna von Barnhelm" und „Emilia Galotti" in Masse entstandenen Ritter-, Soldaten- und Spielerdramen und bürgerlichen Trauerspiele. Ein solches Machwerk war das Soldatenstück „Graf Waltron oder Die Subordination" von Heinrich Ferdinand Möller, das seit 1776 überall Riesenerfolg hatte. Schikaneder führte es in Stuttgart auf und ließ seine Schauspieler nicht den plumpen Effekt herausarbeiten, sondern die immerhin menschlich ergreifenden Konflikte gefühlsmäßig erfassen, wodurch eine Auffassung und Darstellung erzielt wurde, die verfeinernd wirkte. Die Handlung des Dramas — Graf Waltron, ein verdienter Offizier, hat in gerechtem Zorn gegen seinen Oberst den Degen gezückt und ist dafür vom Standgericht zum Tod verurteilt worden. Seine Frau ist dem Wahnsinn nahe. Nach langer Ungewißheit wird er endlich im letzten Augenblick begnadigt — gab Gelegenheit zu militärischer Ausstattung und zu Massenszenen; Schikaneder vertiefte die Wirkung, indem er „vor Beginn hinter dem Vorhang die letzte Runde um das Lager gehen, darauf die Reveille schlagen ließ, die Musik aus dem Orchester hinter die Gardinen versetzte und zwischen den Akten nur Feldmusik in der Entfernung zu hören gab".

Er erhielt dreimal Prolongation der Spielzeit und die Stuttgarter hätten ihn am liebsten ganz bei sich behalten; doch hatte er sich schon früher für Augsburg verpflichtet. Dort war er in bester Erinnerung und hatte nicht nur den gleichen Erfolg wie in Stuttgart, sondern er und seine Frau wurden richtig geschätzt und in ihrem Wert gewürdigt: „Herr Direktor Emanuel Schikaneder ist in der Wahl seiner Stücke nicht nur sehr sorgfältig, sondern weiß auch jeden seiner Akteurs durch seine gehörige Rolle in sein wahres Licht zu stellen und hat sich als Direktor eben das Lob schon erworben, das er sich schon längstens als Schauspieler erworben hat. Seine Gesichtsbildung, sein Wuchs ist von Natur ungemein vorteilhaft und schön: Er ist groß, sehr wohlgewachsen und hat eine ausgebildete, schöne Stellung. Er spielt selbst alle ersten Rollen, Liebhaber, komische Väter, Tyrannen und Helden. Die Rolle als Hamlet spielt er mit dem größten, aber auch mit dem verdientesten Beifalle. Herrn Schikaneders Anstand, seine männlich reine Sprache, sein Gebärdenspiel, das er so sehr in seiner

Hand hat, alles zeigt in ihm den großen Schauspieler. In Singspielen bewirbt er sich meistens um die komischen Rollen, die er zwar mit vielem Beifalle spielt, aber manchmal ins gar zu niedrigkomische fället – es übertreibt. Seine Stimme ist rein, melodienreich und singt mit Einsicht und Geschmack: kurz, Herr Schikaneder hat Kenntnisse, Eifer und Fleiß für die Aufführung brauchbarer, vortrefflicher und dem Publiko angemessener Stücke, der die Rollen gut zu verteilen weiß, sie mit seinen Akteurs fleißig probiert und ihnen das so sehr eingewurzelte Vorurteil mit Liebe auszurotten versucht, als wenn sie öfters zu vornehm wären, diese oder jene Rolle zu übernehmen. Sein Enthusiasmus erhebt sich über alle Schwierigkeiten, und er verdient mit einem Wort unter die Reihe der besten Schauspieler und der einsichtsvollsten Direktoren gesetzt zu werden. – Madam Schikaneder spielt Mütter, Liebhaberinnen, verschmitzte Mädchens und heftige Rollen mit vieler Natur und Empfindung; sie redet reines Deutsch, sehr vernehmlich und deklamiert auch sehr gut. Sie kennt und empfindet wie ihr Mann den ganzen Sinn einer Rolle, und man merkt es gar bald, daß sie das ganze Stück und nicht nur einzelne Stellen dem Inhalte nach studiert hat. Ihre Stellung ist klein, aber artig, und ihre Manieren ganz Natur; lose, schalkhafte Mienen, boshafte Airs hat sie ebenso gut in ihrer Gewalt als edle und erhabene. Empfindsame, feine Charakterrollen glücken ihr recht gut und überhaupt sind alle die Rollen ihr Fach, wozu viel Feuer erfordert wird. Wer sie nur einmal gesehen hat, wird sie ebenso in komischen als in heftigen Rollen bewundern und, was am meisten bei ihr geschätzt wird, ist, daß sie nie ins Übertriebene fällt, der Natur stets getreu bleibt. Ihre Stimme ist hell, voll und melodienreich und singt immer aus der Brust, bleibt in der Höhe sowohl als in der Tiefe gleich rein und affektiert in ihren Bewegungen nie. Sie bezeigt im Tanzen viel Anstand und Nettigkeit, viel Geist und Leben, hat ein niedliches Füßchen und eine ganz ungemein gute Stellung."

Von Michaeli 1778 bis Fastnacht 1779 dauerte der Aufenthalt in Augsburg, dann folgte eine fünfmonatige Spielzeit in Nürnberg (26. April bis 27. September 1779); von Mitte Februar bis Mitte April war die Truppe in Neuburg an der Donau, der Residenz des Herzogs von Pfalz-Neuburg. In Nürnberg wurde Schikaneder festlich empfangen, der Spielplan der nun aus sieben Schauspielerinnen und fünfzehn Schauspielern und einem Ballett von vierzehn Personen bestehenden Gesellschaft, die ein Orchester mit einem „Musikdirektor", einen „Dekorateur und Maschinisten" und einen eigenen „Theatermaler" hatte, ist von verblüffender Reichhaltigkeit und Fülle; er gibt uns einen Beweis von der Leistungskraft Schikaneders, der mit seiner Gattin fast jeden Abend selbst auftrat: in „Emilia Galotti" als Odoardo und Emilia, in „Minna von Barnhelm" als Werner und Franziska, in „Hamlet" als Hamlet und Ophelia, in „Clavigo" als Beaumarchais und Marie; „Götz von Berlichingen" wurde in zwei Teilen zu je sechs Akten auf zwei Abende verteilt gegeben — eines der wenigen Werke ohne Mitwirkung des Ehepaares, das im übrigen in zahlreichen Lust- und Trauerspielen und komischen Opern eine flotte Rührigkeit entwickelte: Frau Schikaneder entzückte als Röschen in der komischen Oper „Das Milchmädchen" das Publikum durch jugendliche Anmut und Gesang und Spiel, sie wurde in Lobgedichten vergöttert — Emanuel aber gab Fürsten, Lords, Sultane, Schuhflicker, Kaufleute, Geistliche, Seekapitäne, Fischer, Offiziere, Kutscher, Sklavenhändler, Dragoner; in Bendas „Ariadne auf Naxos" spielte Eleonore die Ariadne, in Bendas „Jason und Medea" Emanuel den Jason, in „König Lear" von Shakespeare er den Edgar, sie die Cordelia. Die Unternehmungslust bewog Schikaneder, den 1777 erschienenen Roman „Siegwart, eine Klostergeschichte" von Martin Miller zu dramatisieren; das Schauspiel „Der junge Siegwart", in dem wieder das Ehepaar gemeinsam auftrat, zog das Publikum in Menge an — und als daraufhin der geistliche Vorsteher des „Deutschen Hauses“ die Exkommunikation über den Verfasser aussprach, die erst auf allgemeine „submisse Gegenvorstellungen“ wieder aufgehoben wurde, machte diese Sensation erst recht Reklame für den unerschrockenen Direktor, der durch die glänzenden Einnahmen wohlhabend wurde. Von Nürnberg aus besuchte er seinen Bruder Urban, der wieder Musikus in Freising war, und dieser und seine Frau konnten sich kaum fassen über Emanuels prächtigen Anzug und elegante Manieren — so fein und stolz war er geworden! Er hielt sich Wagen und Pferde, war „wie ein Kavalier damaliger Zeit gekleidet, trug seidene Strümpfe, Schuhe mit hohen roten Absätzen, gelbseidene Beinkleider, gelbseidene, mit Silber gestickte Weste, einen Scharlachfrack, einen dreieckigen Hut, mit weißen Federn geziert, und einen Stahldegen an der Seite“. Der Respekt wurde aber gar groß, als Emanuel eine mit Dukaten gefüllte Börse und den Verwandten ein allerliebstes Bild zeigte, das „Madame Schikaneder als Milchmädchen“ darstellte — das Werk eines Nürnberger Kupferstechers, das weit in Deutschland verbreitet wurde.

Es folgten längere Aufenthalte in Rothenburg ob der Tauber, Laibach, Klagenfurt und Linz — überall gingen ihm Ruf und Ruhm voran und erweckten Erwartungen, die erfüllt und überboten wurden: Shakespeare, Lessing, Goethe, die besten damaligen Opern zierten sein Repertoire, bald galt er als der mutige Vorkämpfer für das deutsche Singspiel, dessen Aufblühen er förderte. Rastlos war er bestrebt zu lernen, als Schauspieler, als Dichter und als Geschäftsmann; und seine natürliche Begabung ließ ihn durch die Verbindung dieser drei Gebiete große Vorteile erzielen. Ein Virtuose in den verschiedensten Rollen, ein findiger, vielseitiger und fruchtbarer Theaterdichter, befriedigte er die Schau- und Lachlust der Menge und gewann zugleich die Zustimmung der höherstehenden Kunstfreunde durch die Betonung ernster, erzieherischer Zwecke, wie sie dem Zeitalter der „Aufklärung“ entsprachen, und durch ein entschiedenes Betonen des Deutschtums, hervorgerufen durch die gefährliche Konkurrenz fremdländischer Künstler, namentlich der Italiener.

SALZBURG
FREUNDSCHAFT MIT DER FAMILIE MOZART
PLAN EINER ÄGYPTISCHEN OPER

Von Linz aus bat er 1780 um die Erlaubnis, in Salzburg spielen zu dürfen, die ihm vom Erzbischof Hieronymus Grafen von Colloredo erteilt wurde. Während Schikaneders Spielzeit in Salzburg — vom 17. September 1780 bis Fasten 1781 — erreichte sein Ruhm einen Höhepunkt. Das Repertoire verdient aber noch heute alle Anerkennung. Als Eröffnungsvorstellung gab man wieder „Die Gunst der Fürsten“ mit dem Direktor-Ehepaar in den gewohnten Glanzrollen; es folgten am 18. September „Die Lyranten“ mit Emanuel als Leichtsinn und Frau Schikaneder als Rosina — und von da ab eine ganze Reihe bedeutsamer Leistungen; an das Drama schloß sich fast immer ein großes Ballett. „Emilia Galotti“, „Der Schmuck“ von Sprickmann, Bendas „Ariadne“, ein neues Lustspiel von Schikaneder „Das Regensburger Schiff“, „Julius von Tarent“ von Leisewitz, Beaumarchais’ „Barbier von Sevilla“ mit Musik von Benda, „Hamlet“, „Der deutsche Hausvater“ von Gemmingen, „Macbeth“, „König Lear“, „Agnes Bernauerin“ von Törring, Bendas „Medea“, Hillers „Lottchen am Hofe“ und eine Menge neuerer wirksamer Stücke wurden in den dreiundneunzig Vorstellungen der Saison aufgeführt — „Die

Lyranten“ dreimal, die „Agnes Bernauerin“ viermal; um die „Bernauerin“ sehen zu können, kamen die Leute aus Reichenhall und Berchtesgaden und standen schon drei Stunden vor Beginn beim Theater. Dieses nach dem Vorbild des „Götz von Berlichingen“ verfaßte Ritterdrama war 1780 in München gedruckt und am 6. Januar 1781 in Mannheim zum erstenmal aufgeführt worden. Schon am 18. Januar führte es Schikaneder auf. Im ausverkauften Haus waren siebenhundert Zuschauer anwesend, zweihundert hatten keinen Einlaß gefunden. Schikaneder spielte den Herzog Albrecht, seine Frau die Agnes; sie rührte das Publikum zu Tränen — „ihre Silberstimme ging uns ans Herz und unsere Empfindung floß über im Auge. Nie will ich den Anstand, die feste Entschlossenheit der leidenden Unschuld vor Gericht, nie ihr Gebet im Gefängnis, als man sie zum Verhör abholte, vergessen“ —; die realistische Darstellung, die anschauliche Lebendigkeit der Massenszenen erregte die Zuschauer so sehr, daß sie, als auf der Bühne das Volk nicht dulden wollte, daß Agnes von der Brücke in die Donau gestürzt und ertränkt werde, und schrie: „Helft ihr! Stürzt den Vicedom hinein!“, aufsprangen und mitschrien, um die Gewalttat zu verhindern — als geschähe, was auf der Bühne vor sich ging, wirklich. Am nächsten Tag wurde die Vorstellung wiederholt. Die Erregung des Publikums machte sich auch außerhalb des Theaters Luft, und der Schauspieler Wallerschenk, der den bösen Vicedom gab, wurde auf der Gasse beschimpft und verfolgt, ja im Wirtshaus „angefallen“. Als Schikaneder vor der dritten Vorstellung ankündigte: „Heute wird Vicedom über die Brücke gestürzt“, sah das Publikum darin eine gerechte Vergeltung und begrüßte die Durchführung der Änderung mit „allgemeinem Jauchzen, Jubel und Freudengetöne“. So sehr war es Schikaneder gelungen, dem Schein die Macht der Wirklichkeit zu geben, daß die Salzburger Spiel und Leben miteinander vermengten.

Der Erzbischof besuchte das Theater mehrmals und seinem Beispiel folgte ganz Salzburg. Zu den ständigen Besuchern gehörten der erzbischöfliche Hofkapellmeister Leopold Mozart und dessen Kinder Marianne und Wolfgang Amadé. Emanuel und die Familie Mozart waren bald miteinander bekannt geworden, und der Theaterdirektor wurde ein Freund des Hauses und ein unzertrennlicher Gefährte Wolfgangs. Er gewährte ihnen freien Eintritt ins Theater, und Vater Mozart, der wußte, wie hart das Leben ist, wußte diese Generosität zu schätzen; er meinte, „daß es eben nichts geringes ist, für 3 Personen den freyen Eintritt so lange Zeit auf alle Plätze des Theaters zu haben". Bald verband den vierundzwanzigjährigen Wolfgang Amadé und den nur fünf Jahre älteren Emanuel eine innige Freundschaft. Schikaneder erkannte Mozarts musikalisches Genie und verblüffende Gabe, an jeder Kunstgattung sofort das Typische zu erfassen. Mozart seinerseits schätzte des neuen Freundes Talent für die Schauspielkunst, für dramatisches Leben und Bühnenwirkung und fühlte sich von Schikaneders herzlichem, offenem Wesen angezogen. Die zwei Künstler, beide gesellig veranlagt und mit einem Frohsinn begnadet, der ihnen ermöglichte, auch in unsicheren oder ungünstigen Umständen den Reiz einer heiteren Stunde auszukosten, benützten jede Gelegenheit, zusammen zu sein. Zwei geniale Naturen hatten sich da geistig gefunden: der Musiker, der den Sinn für das Theater hatte, und der Theatermann, der zugleich ein Musiker war. Beim Kegelschieben und beim „Bölzelschießen" mit Windbüchsen verbrachte man manche lustige Stunde, wobei es oft derb zuging — doch niemand nahm einen Scherz übel, und es ist bemerkenswert, daß auch Wolfgangs Vater, eine im allgemeinen mißtrauische und nicht leicht zugängliche Natur, an Schikaneder Gefallen fand. Auch zu gemeinsamer Arbeit vereinigten sich die Freunde und ein in Salzburg aufgeführtes Schauspiel, „Thamos, König in Ägypten" von Tobias von Gebler — dessen Dramen Schikaneder in seinem Repertoire führte —, brachte sie auf den Gedanken einer ge-

Schikaneder in Friedels Lustspiel »Der Fremde“
Stich von Löschenkohl, Wien 1784

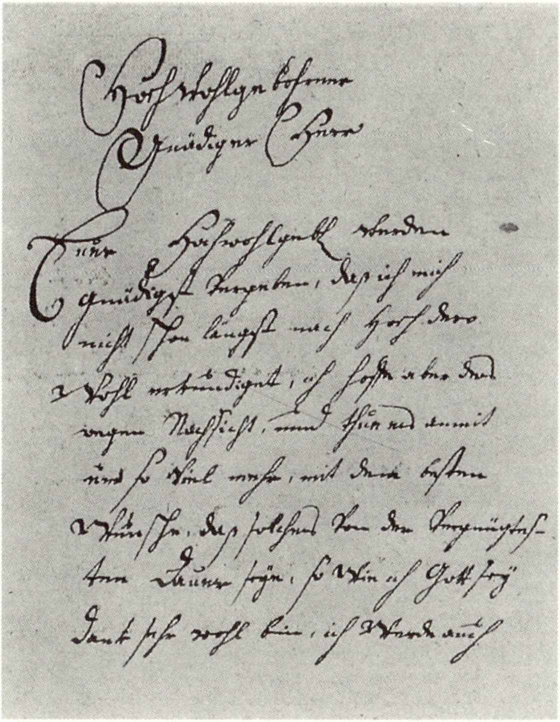

Hochwohlgebohrner
Gnädiger Herr

Euer Hochwohlgeb. werden
gnädigst vergeben, daß ich mich
nicht schon längst nach hoch dero
Wohl erkundiget, ich hoffe aber durch
eigene Nachsicht, und thue es damit
und so viel mehr, mit dem besten
Wünschen, daß solches von dem vergnügtes-
ten Dauer seyn, so bin ich Gott sey
Dank sehr wohl bin, ich werde auch

Anfang eines Briefes Schikaneders
an den Augsburger Theaterdeputierten Philipp v. Rauner vom 13. Juli 1778

meinsamen Arbeit. Mozart, der zum „Thamos" eine Bühnenmusik geschaffen hatte, machte dem Freund den Vorschlag, die Handlung des Geblerschen Stückes zu einer Oper umzuformen, deren Text von Schikaneder, deren Musik von ihm zu schaffen wäre. Das in Ägypten spielende Drama hatte zum Stoff das Walten des weisen Oberpriesters Sethos, der im Sonnentempel in Heliopolis herrscht und die Liebe des Prinzen Thamos und der Prinzessin Tharsis mit starker Hand beschützt gegen eine Verschwörung, die von der wilden, rachegierigen Mirza, der „Vorsteherin der Sonnenjungfrauen", und dem abgewiesenen Freier der Prinzessin, dem tückischen Höfling Pheron, angestiftet wurde. Die Verschwörer wollen das edle Paar vernichten, doch Sethos zerstört ihre Macht und vereinigt die Liebenden im Sonnentempel. Mozart sah ein, daß in diesem Stoff wie in einem Sinnbild das ganze Menschenleben enthalten war, und er gewann Emanuel leicht für den Plan. Doch sollte es noch lange dauern, bis aus dem ägyptischen Prinzen Thamos der Märchenprinz Tamino werden konnte. Das Schicksal trennte die Freunde. Mozart bekam den Auftrag, für den Karneval 1781 für das kurfürstliche Theater in München eine Oper zu liefern, und fuhr Anfang November 1780 nach München, um seinen „Idomeneo, Re di Creta" einzustudieren. Es war ein herzlicher Abschied — Wolfgang reichte noch aus dem Fenster des fahrenden Wagens dem eine Strecke mitlaufenden Emanuel die Hand. Er vergaß den Freund nicht und schickte diesem, obwohl über und über beschäftigt, am 22. November von München aus eine versprochene Arie.

Der Umgang mit dem erfahrenen Theaterdirektor hatte Wolfgang manches gelehrt. Er lernte die praktische Seite des Theaterwesens kennen; die Vorstellungen, die er bis Ende Oktober besuchte, vermittelten ihm die Kenntnis von Stücken, die in seinem Gedächtnis nachwirkten — er sah und hörte da „Hamlet", den „Barbier von Sevilla", „Julius von Tarent", „Emilia Galotti" –, in einem Brief aus München hat er den Vater an eine gemeinsam besuchte „Hamlet"-Vorstellung erinnert. Auch „Die Lyranten" und „Das Regensburger Schiff" von Schikaneder hat Mozart damals gesehen.

„DAS REGENSBURGER SCHIFF"
„DIE RAUBVÖGEL"
„DAS LASTER KÖMMT AN TAGE"

Von den Dramen, die Schikaneder in Salzburg schrieb, sind drei gedruckt worden. Auch sie sind echte Schauspielerstücke, alles kommt auf die Darstellung an, der Verfasser hat sie zum eigenen Gebrauch, die Hauptrollen für sich, die andern für bestimmte Mitglieder seiner Gesellschaft geschrieben. Er benützt dabei ganz dreist, aber recht geschickt bühnenwirksame Vorbilder, die er zweckgemäß umformt.

„Das Regensburger Schiff. Ein Lustspiel in drey Aufzügen, von Herrn Emanuel Schikaneder, Direkteur, verfaßt", gedruckt Salzburg 1780, beruht wieder auf eigenen Jugenderinnerungen. Den Mittelpunkt der Handlung bildet eine Donaureise auf dem sogenannten „Regensburger Ordinarischiff", das den Verkehr zwischen Bayern und Österreich vermittelte. Nach dem Muster der „Minna von Barnhelm" werden zwei Liebespaare vorgeführt. Käthchen (im Dialog stets als „Das Fräulein" bezeichnet) liebt den Husarenrittmeister Preiß, ihre Zofe Nannette den Sergeanten Knebelbart; dem Just entspricht der komische Bediente Budel; auch der betrügerische Wirt erinnert an Lessing. Die Handlung aber ist ganz die der vorlessingschen Charakterkomödie: Käthchens Vater, der reiche Geizhals und Wucherer Kupferkopf, will als Feind des Militärs Käthchen nicht dem Offizier zur Frau geben, sondern zu einer ihr verhaßten Ehe zwingen. Er mietet Plätze auf dem Regensburger Schiff, weil er in Österreich große Wuchergeschäfte machen will. Der Rittmeister schließt sich ihm unter falschem Namen an. Während der Fahrt erhebt sich ein Gewitter – „vor Anfang des Aufzugs geht eine Symphonie, welche das Donnerwetter verkündiget, im zweyten Theil hört man den Donner rollen, unter dem größten Sturme, Blitze und Windgeheule eröffnet sich das Theater, es stellet eine freye Gegend vor, im Prospekt sieht man eine Art von einem Schloß oder Kirche. Im Hintergrunde fließt die Donau." Das Schiff legt an, die Passagiere übernachten am Ufer. Im Dunkel der Nacht verkleiden sich der Rittmeister und sein Diener als Zigeuner, bedrohen den erschreckten Alten an der Spitze einer als türkische Musikanten verkappten Schar und zwingen ihm die schriftliche Einwilligung in die Heirat ab. Das Stück eignet sich zu wirksamer Ausgestaltung durch die Darsteller: Kupferkopf läßt sich aus Angst um sein Vermögen auf der Geldkiste sitzend zum Schiff tragen, ein Knabe und die sechsjährige Wirtstochter ergeben dankbare Kinderrollen, zwei Tanzbären und sechs dressierte Affen treten auf, eine komische Streitszene zwischen fünf Obstweibern führt zu einer Rauferei, die Abfahrt des Schiffes von der „Steinernen Brücke" wird zu einer lebhaften Volksszene. Die szenischen Vorschriften vergessen keine Einzelheit; es ist sogar erwähnt, daß die Beleuchtung aus einer auf dem Tisch stehenden Laterne besteht und daß auf dem Tisch „kein Tischtuch" liegt.

Auch die zwei Schauspiele „Die Raubvögel" und „Das Laster kömmt an Tage", beide gedruckt Salzburg 1783, dürfen nur vom praktischen Standpunkt aus beurteilt werden. „Die Raubvögel" stehen wieder in der Nachfolge der „Minna von Barnhelm". Die Frau v. Rechthold, die sich wegen ihrer Spielsucht von ihrem Gatten getrennt hat und unter dem Namen Spielfeld mit ihrer Zofe im Gasthof logiert, entspricht dem Fräulein. Tellheim ist in den überrechtschaffenen Hauptmann Rechthold verwandelt, der ehrliche Just in den polternden Kutscher Martin. An die Stelle des Riccaut treten zwei Falschspieler namens Schalk und Renke. Der Wirt wird zu einer wichtigen, derbkomischen Figur. Der Hauptmann erfährt die Anwesenheit seiner Frau durch einen von dieser dem Wirt verpfändeten Ring. Um sie, die sich selbst auf einige Jahre den Spielern verkauft hat, zu retten, greift er die Kriegsgelder an und schickt ihr als „unbekannter Freund" 1000 Dukaten. Dem Oberst v. Spornschild will er die Verwendung des gestohlenen Geldes nicht eingestehen. Dieser aber entdeckt den Sachverhalt und vereint die Gatten. Die Frau verspricht, das Spiel für immer zu lassen. Die unwahrscheinliche, rührselige Handlung, die zuletzt durch den Oberst als Deus ex machina eingerenkt wird, steht ganz im Bann der damals die Bühnen beherrschenden Soldaten- und Spielerstücke. Mit Geschick sind die komischen Personen gezeichnet, die Wirkung beruht großenteils auf der Aktion. Der Wirt liegt zu Anfang schlafend auf einem Tisch, dann prügelt er seine Frau und kocht in der unappetitlichsten Weise. Als die Wache erscheint, kriecht er vor Angst hinter die Bettstatt. Verhaftet rutscht er auf den Knien vor dem Oberst herum. Sein Gegenstück ist der treue Kutscher Martin, dem über das Unglück seiner Herrschaft das Herz brechen will. Eine prächtige Figur ist der Oberst: ein bärbeißiger Polterer, hinter dessen barschem Wesen echte Herzensgüte steckt, so daß er sogar endlich dem schlimmen Wirt sechs Dukaten schenkt. Wieder eine Kinderrolle: Der Hauptmann erfährt, was er wissen will, nicht vom Wirt, sondern von dessen Söhnchen. In dem Stück ist ein theatralischer Zug, besonders die Aktschlüsse sind gut auf den Effekt berechnet. Der Dichter ist zugleich Schauspieler und Regisseur: Er hat nicht das kleinste anzumerken vergessen, jedes Gerät, das auf dem Tisch liegt; sogar die

Ziffern, mit denen die Tafel des betrügerischen Wirtes beschrieben sein soll.

Für das Schauspiel „Das Laster kömmt an Tage" war das Vorbild „Emilia Galotti". Es ist ein Hof- und Fürstenstück, die Triebfeder der Handlung ist die Rivalität zweier Hofdamen: Gräfin Amalie und Gräfin Sturz. Die letztere, das dämonische Weib, treffen wir schon zu Beginn in der traditionellen Toiletteszene und erfahren ihre schwarzen Pläne: Sie will Amalien, die Prinzenerzieherin und Braut des Kronprinzen, als Giftmischerin erscheinen lassen. Ein Apothekergehilfe, der ehemalige Grenadier Fleckkugel, läßt sich durch den Glanz des Goldes verführen, ihr Arsenik zu verschaffen. Schritt für Schritt führt die Gräfin ihren Plan auf der Bühne aus und schüttet endlich das Gift bei der Geburtstagstafel in das Glas des Fürsten. Die Untat gelingt — Amalie kommt als Giftmischerin auf die Festung. Aber das böse Gewissen läßt die Helfer der Gräfin, Grenadier Fleckkugel und die Frau Prämin, ihre Schuld gestehen. Der Sachverhalt klärt sich und der Fürst vereint seinen Sohn mit Amalien. An den Schuldigen übt man Gnade: Die Sturz wird des Landes verwiesen; Fleckkugel, da er nur ein Verführter war, zum Garderobier des Prinzen gemacht. Weit besser als die Hauptrollen, denen man die Nachahmung der Emilia und Orsina stark anmerkt, ist Fleckkugel gelungen — seine Rolle zeigt durch tausend Schattierungen, wie Treue und Ehrlichkeit dem Einfluß des Goldes erliegen und wie später die Rechtschaffenheit über das bloße Schuldbewußtsein siegt. Auch die Kinder des Fürsten treten auf und singen und spielen ihrem Vater zum Geburtstag vor.

DIREKTION IN PRESSBURG
FREUNDSCHAFT MIT JOHANN FRIEDEL UND DEREN FOLGEN
KAISERLICHE GUNST

Ende Februar 1781 beschloß er seine Spielzeit in Salzburg, und schon im März war er mit seiner Gesellschaft in Graz, wo er im Sommer dieses und des nächsten Jahres spielte; der Winter wurde in Laibach zugebracht. Er führte auch hier sein gewohntes Repertoire, kam aber auf neue Ideen. Am 4. August 1782 fand eine Vorstellung des „Grafen Waltron" unter freiem Himmel statt, in einem Lager von 200 Zelten. Eine große Zahl Soldaten wirkte mit, die Offiziere erschienen zu Pferde und die Gräfin Waltron kam in einem wirklichen Reisewagen angefahren. Diese Neuerung hatte Erfolg, die Vorstellung konnte wiederholt werden. Dann begab sich die Truppe, zu der in Laibach Urban Schikaneder, in Graz dessen Sohn Karl als Mitglieder gekommen waren, nach Preßburg und begann da ihre Vorstellungen am 17. Oktober 1782.

Doch jetzt kam eine schwere, an Sorgen und Aufregungen reiche Zeit für Schikaneder und die Seinen — nach einem schönen Anfang und glorreichen Aufstieg mußte er nun die Mühen und wechselnden Schicksale des Wanderprinzipals mit all ihren Schmerzen durchmachen. Schon in Krain war es an einem heißen Hochsommertag geschehen, daß die Gesellschaft, nach stundenlanger Fußwanderung schwitzend und zum Umsinken erschöpft, auf dem Feld arbeitende Bauern um einen Trunk Wasser bat und von diesen mitleidig gelabt wurde. Kurz darauf entlud sich ein heftiges Gewitter, Regen und Hagel vernichteten das Getreide, und die Bauern, im festen Glauben, das Gewitter sei die Strafe Gottes dafür, daß sie den Komödianten geholfen hatten, liefen den weiterwandernden Schauspielern nach und griffen sie mit Sensen und Gabeln an — es wurde eine ganze Schlacht ausgefochten, und mehrere Schikanederleute wurden schwer verwundet. In Preßburg gab es eine starke Opposition, nicht gegen die Leistungen der Truppe, sondern gegen das Theater überhaupt. Schikaneder konnte sich nur schwer halten, und die Bangnis um die Existenz wurde nicht gemildert durch die Gunst einzelner verständiger Gönner und Kunstfreunde.

Zu den Freunden der dramatischen Kunst zählte der Schriftsteller Johann Friedel — ein genialer Geist, doch ohne inneren Halt. Friedel war 1751 in Temesvar als Sohn eines Offiziers geboren, wurde selbst Soldat, verließ mit 27 Jahren die Armee, wurde Literat, später Schauspieler in Deutschland: in Erfurt, Kassel, Göttingen. Sein in Preßburg stationierter Vater starb im Juli 1781, der Sohn kam deshalb nach Preßburg und siedelte sich dort an. Er besuchte das Theater und wurde dessen täglicher Besucher — ihm gefiel die Art des Schikanederschen Betriebes und ihm, dem kränklichen, aber leidenschaftlich veranlagten Gefühlsmenschen, gefiel Madame Schikaneder so sehr, daß er sich in die liebenswürdige junge Direktorin verliebte. Er verbreitete Schikaneders Lob in Zeitschriften und Broschüren, verteidigte ihn gegen Angriffe und schloß mit ihm — dem Gatten der heißgeliebten Frau — innige Freundschaft. Emanuel mußte endlich im Frühling 1782 das Unternehmen schließen und einen Teil der Gesellschaft entlassen. Er ging nach Wien und trat in dem damals von Direktor Gensicke gepachteten, dem Hof gehörigen Kärntnertortheater als Gast auf. Er fand zwar Beifall, verlor aber bald die Lust, weil man ihn — den berühmten Hamlet! — zwang, in Shakespeares „Hamlet“ als König aufzutreten. So kehrte er nach Preßburg zurück, eröffnete wieder das Theater in Kompagnie mit einem gewissen Kumpf — aber das Glück blieb aus. Eine überprächtig ausgestattete Aufführung der „Verschwörung des Fiesco“ am 11. Februar 1784 und die Vorstellung der „Räuber“ mit Brand und Einsturz des Moorschen Grafenschlosses — also gewiß anerkennenswerte Leistungen, denn die Erstlinge Schillers waren ganz neue Erscheinungen — konnten ihm nicht aufhelfen. Im Sommer 1784 versuchte er es mit einer Reise nach Pest, wo er deutsche Opern aufführte und große Konzerte veranstaltete — ohne Erfolg. Im September kam er wieder nach Preßburg, und es schien, als wollte ihm das Glück nun hold werden. Kaiser Joseph II. besuchte — auf der Durchreise — das Theater an zwei Abenden (am 8. und 10. Oktober). Die Aufführung einer deutschen komischen Oper gefiel ihm so sehr und erfüllte ihn mit so großem Interesse für den national gesinnten Prinzipal, daß er der Vorstellung eines von Schikaneder verfaßten Trauerspieles „Kinder, reizet eure Eltern, und Eltern, reizet eure Kinder nicht“, das den in Ofen am 10. August wegen Standesunterschiedes geschehenen Doppelselbstmord eines Liebespaares zum Stoff hatte — wahrscheinlich eine Nachahmung von „Kabale und Liebe“ —, beiwohnte. Das Eintreten für die heimische Kunst und die Verbreitung der Ideen der Aufklärung fanden die Zustimmung des Kaisers. Er zeichnete Schikaneder durch freundliche Ansprachen und Gespräche aus und lud ihn ein, nach Wien zu kommen und „in dem dem allerhöchsten Hofe gehörigen Theater nächst dem Kärntnertore Aufführungen von deutschen Singspielen zu veranstalten“. Um sich an den unfreundlichen Preßburgern zu rächen, schrieb Schikaneder ein Stück, in dem lauter Hühner und Gänse auftraten, und führte es auf. Als die Preßburger in den gackernden Hennen und schnatternden Gänsen sich selbst erkannten, pfiffen sie den Direktor aus, woraus dieser sich aber nicht viel machte. Er fuhr mit seinen Leuten nach Wien. Die Vorstellungen im Kärntnertortheater begannen am 5. November 1784 und dauerten bis zum 6. Januar 1785. Der Kaiser besuchte sie sehr häufig, was in der „Wiener Zeitung“ eigens hervorgehoben und der Anlaß dafür wurde, daß die Wiener scharenweise ins Kärntnertortheater gingen. Es besteht also die Tatsache, daß zur selben Zeit, da die deutsche Oper infolge der Intrigen der Italiener vom Hoftheater verschwand, Joseph den berühmten Vorkämpfer des deutschen Singspieles nach Wien kommen ließ und seine Zustimmung zu dessen Bestrebungen öffentlich bekundete. Das war wichtig, denn der Kaiser, der nach vielen Versuchen, eine „ursprünglich deutsche Oper" zu begründen, endlich die Erstaufführung des Singspieles „Die Bergknappen" von Ignaz Umlauf am 17. Februar 1778 mit Mühe durchgesetzt hatte, war anscheinend den dauernden Kabalen der Freunde der italienischen Oper erlegen. Unter großen Schwierigkeiten war 1782 Mozarts „Entführung aus dem Serail" in Szene gegangen, und seit 1783 herrschten die Italiener ungehindert in der alten Macht.

Außer den Singspielen führte Schikaneder auch einige wenige Sprechstücke auf; den meisten Erfolg hatten das von Friedel — der seit Herbst 1783 Mitglied der Gesellschaft war — verfaßte neue Lustspiel „Der Fremde" und Schikaneders in Preßburg am 19. Februar 1784 erstmalig aufgeführte Schauspiel „Der Bucentaurus oder Die Vermählung mit dem Meere in Venedig".

Das fünfaktige Lustspiel „Der Fremde" von Friedel, am 17. Dezember 1784 zum erstenmal gegeben, trifft mit Glück den wienerischen Ton und geißelt mit feinem Spott die Schwächen der Wiener adeligen Kreise. Der „Fremde" ist ein Graf in geheimer Mission, der sich nicht verraten darf. Er liebt ein Mädchen, das durch seine Geheimtuerei verzweifelt, denn ihr Vater hält ihn für einen Abenteurer. Doch wird die von dem Gegenspieler Baron Seltenreich angezettelte Intrige entdeckt, und das Ganze nimmt ein gutes Ende. Friedel spielte den Baron, Schikaneder den Fremden und hatte mit der lebenswahren Durchführung der Rolle solchen Erfolg, daß dem Druck des Lustspiels (Wien 1785) das von Löschenkohl gestochene Porträt Schikaneders beigegeben wurde. — „Der Bucentaurus" (erst 1792 in Schikaneders „Sämtlichen Werken" gedruckt) ist eine venetianische Verschwörungsgeschichte, wohl angeregt durch den in Preßburg aufgeführten „Fiesco" und beeinflußt durch den „Hamlet“ und Schillers „Geisterseher“. Gardisten erzählen, dem neuen Dogen sei schon zweimal der Geist seines Großvaters erschienen. Bei einem dritten Zusammentreffen mit dem Geist wird aber dieser als Betrüger entlarvt und entflieht; er ist Mitglied einer Verschwörung, durch die der schwache Doge und dessen beherzter Bruder Montaldo gestürzt werden sollen. Die Verschworenen wollen am Tag der „Vermählung mit dem Meere“ den „Bucentaurus“ mit allen Insassen in die Luft sprengen. Aber die Tochter eines Nobile warnt Montaldo, den sie liebt, und eine alte Zauberin, die einen die Zukunft weisenden „Zeigspiegel“ besitzt und die Verbrecher mit einer „Höllenfackel“ schreckt, verhindert die Ausführung des Planes. Bei einem letzten Versuch zum Meuchelmord werden die Verschworenen gefangengenommen; doch in fürstlicher Großmut strafen der Doge und Montaldo sie nicht, sondern küssen sie und üben an ihnen Gnade. Das Stück gewinnt durch die geschickte Gegenüberstellung einer edlen und einer tückischen Partei und durch die Verbindung der Ereignisse mit zauberhaften Motiven Reiz und Wirkung.

ERLEBNISSE IN WIEN „DIE HOCHZEIT DES FIGARO“ DER TOD EINES „SCHAUSPIELERWEIBS“

Die Gesellschaft blieb nicht lange beisammen. Emanuel war immer ein Bewunderer aller Mädchen und Weibchen gewesen und hatte durch Liebeleien seiner Frau manchen Kummer bereitet. Schon in Salzburg war er als Schürzenjäger bekannt, und Leopold Mozart und die andern Teilnehmer am „Bölzelschießen“ hatten darüber gutmütig gespottet. Jetzt bestand aber ein inniges Liebesverhältnis zwischen Frau Schikaneder und Friedel — beide Gatten hatten Ursache zur Eifersucht, denn Emanuel fand an den berühmten Wiener „Stubenmadeln" so stark Gefallen, daß es endlich zur Trennung kommen mußte. Auch zerstritt sich Urban Schikaneder mit seinem Bruder. Die Vorstellung am 6. Januar 1785 war die letzte. Die Gesellschaft Schikaneder-Kumpf ging ein. Frau Schikaneder, Urban und Friedel begründeten eine neue Gesellschaft und verließen Wien; im Herbst 1785 spielten sie in Wiener Neustadt, Anfang 1786 in Klagenfurt, später im Sommer alljährlich in Triest, im Winter abwechselnd in Klagenfurt und Laibach; von Oktober 1786 bis Ostern 1787 war Friedel Direktor in Klagenfurt und als solcher sehr beliebt, von Herbst 1787 bis Anfang 1788 in Laibach, im Frühling zogen er und seine Geliebte mit ihrer Truppe nach Wien.

Emanuel war in Wien geblieben und ging zunächst müßig. Er hatte, als er nach Wien kam, Mozart in dessen Wohnung in der Schulerstraße besucht und die Salzburger Freundschaft erneuert — er, der stattliche Mann in den besten Jahren, das Urbild unverwüstlicher Gesundheit, hatte mit aufwallendem Mitleid in das schmale, blasse Antlitz des Freundes geblickt, den er als geplagten Familienvater, überlastet mit Arbeit und Sorgen, wiedersah. Er versuchte, Wolfgang Amadé aufzuheitern, und häufig mag, wenn er bei Wein und Punsch den Vorsitz führte, von der geplanten Oper und dem Prinzen Thamos-Tamino die Rede gewesen sein. Aber für eine deutsche Oper bestand nicht die Möglichkeit einer Aufführung. Jetzt, nach dem Bruch mit Frau und Bruder, suchte sich Emanuel irgendwie zu halten, zunächst als Theaterdichter. Er reichte beim Nationaltheater eine von ihm verfaßte Bearbeitung von Beaumarchais' Lustspiel „Die Hochzeit des Figaro" ein; das Stück passierte die Zensur, wurde einstudiert und sollte am 4. Februar zum erstenmal gespielt werden. Die Aufführung wurde aber im letzten Augenblick vom Kaiser verboten. Die Vorgeschichte

Schikaneder als Papageno. Stich von Alberti, 1791

Das „Zauberflöten-Häuschen" im großen Hof des Freihauses, jetzt auf dem Gelände des Salzburger Mozarteums

dieses seltsamen und seltenen Vorgehens ist bis jetzt nicht aufgeklärt. Die Zeitung „Das Wiener Blättchen" brachte in ihrer Nummer vom 5. Februar die folgende „Innländische Nachricht. Wien. Das von Herrn Schikaneder verheißene Lustspiel: ‚Die Hochzeit des Figaro' ist gestern nicht aufgeführt worden und hat selbiges, nach der dem Publico in dem gestrigen Anschlagzettel mitgeteilten Nachricht, die Censur zwar zum Drucke, aber nicht zur Vorstellung erhalten." Die Angelegenheit ist nicht recht durchsichtig. Der Einreicher, Übersetzer und Bearbeiter erfreute sich der besonderen Gunst des Kaisers, der ihn wegen eines von ihm verfaßten, gegen die Überschätzung des Standesunterschiedes gerichteten Trauerspiels belobt und gegen das jetzt von ihm eingereichte, gegen die Überschätzung des Standesunterschiedes gerichtete Lustspiel von Anfang an nichts gehabt hatte — denn sonst wären wohl schon die Vorbereitungen zur Aufführung verboten worden. Wahrscheinlich war der Kaiser plötzlich durch einen von beachtenswerter Seite erhobenen Einwand zum Verbot bewogen worden. Jedenfalls blieb die Sache zwischen Emanuel und Mozart nicht unbesprochen. Mozart lernte auf diese Art durch den Freund, der in Salzburg den „Barbier von Sevilla" aufgeführt hatte, jetzt das neue Stück von Beaumarchais und dessen Handlung kennen.

Schikaneder fand bald Engagement beim Nationaltheater und gehörte diesem als Schauspieler und als Sänger der wiedererstandenen deutschen Oper vom 1. April 1785 bis 28. Februar 1786 an. Er mußte wohl froh sein, sich sein Brot verdienen zu können; dennoch mochte ihm manchmal das Intrigieren der Schauspieler, die seine Konkurrenz fürchteten, zuviel werden. Als er schon am 24. April als Graf Essex in dem Trauerspiel „Die Gunst der Fürsten" — eine seiner besten Leistungen, der Glanzrolle aus der Zeit des Ruhms — ausgezischt wurde, vermutete er mit Recht, der Schauspieler Brockmann, der seinerzeit mit Schikaneder in der Rolle des Hamlet wetteiferte, habe diesen Theaterskandal vorbereitet, um ihm zu schaden. Also beschränkte er sich auf Gesangspartien in komischen Opern und hatte damit Glück: als Maler Schwindel in Glucks „Pilgrime von Mekka", als Jagdholz in „Felix der Findling", Justin in „Die Dorfhändel", Velten in „Die Dorfdeputierten" (von Umlauf) war er erfolgreich und wurde beliebt. Freude konnte er trotzdem an seiner Stellung nicht haben.

Unaufhaltsam ist der Lauf der Zeit, unergründlich sind die Wege des unbarmherzigen Schicksals. Nach dem amtlichen Totenprotokoll starb am 21. April 1785 „Anna Maria Schikanederin, Schauspielers Weib, von Nr. 151 an der Wien, 40 Jahre alt, an der Wassersucht, im Siechenhaus". Das war die Gattin Urban Schikaneders, die Freisingerin Anna Maria Pfartl, die mit dem Gatten nach Regensburg gezogen war und später, als Urban Schauspieler wurde, an der Wanderschaft von Emanuels Truppe teilgenommen hatte. Sie war nicht selbst eine Schauspielerin, machte aber als „Schauspielerweib" alle Drangsal und Ungewißheit des heimatlosen fahrenden Volks mit, war aus Preßburg mit nach Wien gekommen, hatte gewiß unter der Aufregung gelitten, die mit den Ehezwistigkeiten Emanuels und Eleonorens sowie mit dem Streit ihres Mannes mit ihrem Schwager verbunden war — mit der neuen Gesellschaft konnte sie nicht mehr ziehen; sie blieb zurück und fand schwer krank im Spital ein klägliches Ende, das sie nicht vorausgeahnt hatte.

SCHIKANEDER ERHÄLT EIN „PRIVILEGIUM“

Trotz der beruflichen Unannehmlichkeiten hätte Emanuel es in Wien aushalten können, denn er war gut bezahlt, hatte eine feste Heimstätte und war von den Sorgen des Wanderlebens befreit. Die Kaiserstadt bot so viel Schönes und Reizvolles an Vergnügungen und Geselligkeit, daß seine leichtlebige Natur zufrieden sein konnte, und auch an ernstem künstlerischem Streben fehlte es nicht. Dazu kam, daß der Kaiser alles tat, um die Stellung des Schauspielerstandes zu heben. So sorgte er dafür, daß geistliche und weltliche Behörden sie als den Bürgern gleichwertige Menschen behandelten, während früher über Geburten, Trauungen und Todesfälle in den Familien der als „vagabundi“ geltenden Mimen nicht Buch geführt worden war. Obwohl Kaiser und Adel mit den Bühnenkünstlern freundlich verkehrten und damit ein Beispiel gaben, herrschte in den Kreisen der Bürger das alte Vorurteil: Die Schauspieler wurden zwar nicht mehr verachtet, doch sie wurden gemieden. Daher schloß sich Emanuel fast nur an ihm nicht feindlich gesinnte Berufsgenossen an. Besonders vertraut war sein Verkehr mit der Familie des Hofschauspielers Johann Christoph Gottlieb, der mit seiner Frau und vier Töchtern in der Kärntnerstraße in einem an die Rückseite des Kärntnertortheaters angebauten Haus im vierten Stock wohnte. Die ganze Familie war auf der Bühne tätig: Vater und Mutter als bejubelte Komiker, die älteste Tochter Josepha als Sängerin, zwei jüngere Töchter, Eleonore und Anna, in Kinderrollen. Die damals elfjährige Anna Gottlieb war musikalisch und dramatisch hoch begabt und wurde, nachdem Mozart durch Schikaneder in die Familie Gottlieb eingeführt worden war, Mozarts Schülerin und bald dessen Liebling; Wolfgang Amadé bildete ihr Talent sorgfältig aus, und „das Annerl" wurde mit zwölf Jahren die Barbarina in „Le nozze di Figaro" und später siebzehnjährig die Pamina in der „Zauberflöte". So war durch Humor, Theater, Musik und allerlei Zukunftspläne ein Milieu geschaffen, in dem sich ein Mann wie Schikaneder hätte wohl fühlen können. Dennoch litt es ihn, den alten Prinzipal und Organisator, nicht dauernd in einer untergeordneten Stellung an einem Hoftheater. Schon im Herbst 1785 sammelte er wieder seine alten und dazu neue Leute, aus denen er jederzeit eine Gesellschaft bilden konnte, deren „Direkteur" er sein wollte. In den fast fünfzehn Jahren, seit er Regensburg verlassen hatte, war er nicht mehr dort gewesen, hatte seine Mutter nicht gesehen. Aber er erfuhr, was in der Stadt seiner Kindheit vorging, und es ging jetzt manches vor, was er vielleicht ausnützen konnte!

1773 war Fürst Alexander Ferdinand von Thurn und Taxis gestorben, sein Nachfolger als regierender Fürst und als kaiserlicher Prinzipalkommissarius beim immerwährenden Reichstag wurde sein Sohn Karl Anselm, damals vierzig Jahre alt. Der neue Fürst sorgte in rührigem Eifer für den Reichtum seines Hauses, versah seine Pflichten als Reichserbpostmeister einwandfrei, tat viel für den Wohlstand der Stadt und entwickelte als Vorsitzender des Reichstags einen repräsentativen Prunk. Von den Mitgliedern des Reichstags war eine starke Partei national gesinnt und verlangte anstatt des bisherigen französisch-italienischen Theaters eine deutsche Schaubühne; es ging das Gerücht, der Fürst werde diesen Wunsch erfüllen. Es ist begreiflich, daß Schikaneder gern „Direkteur" geworden wäre, an einem Ort, dessen Verhältnisse ihm von seiner Jugend her genau bekannt waren. Wie immer, schob er nicht auf, was er tun wollte. Er wandte sich an den Fürsten persönlich mit dem folgenden Gesuch:

„Euer Hochfürstliche Durchlaucht!
Gnädigster Fürst und Herr!

Ew. Durchlaucht allgemein bewunderte Achtung und Liebe für Künste und Wissenschaften kann allein mein Unternehmen, Ew. Hochfürstl. Durchlaucht mit einer Bitte zu belästigen, einigermaßen entschuldigen. Ich vernahm, daß Ew. Hochfürstl. Durchlaucht geruhen wollen, kommendes Jahr eine deutsche Schauspielergesellschaft aufzunehmen. Nun, da ich mit Ende dieses Theaterjahres das K. K. Hoftheater verlasse, biete ich mich mit einer ausgesuchten Gesellschaft Ew. Durchl. Diensten an, welche nicht allein die besten deutschen Stücke, sondern auch gute deutsche Opern aufzuführen im Stande seyn soll. Sollte aber Ew. Hochfürstl. Durchlaucht einer anderen Gesellschaft die Erlaubnis, für den Hof zu spielen, schon ertheilet haben, so bitte ich Ew. Durchl., mich künftiges Jahr diese Gnade genießen zu lassen. Ich berufe mich, ohne unbescheiden zu seyn, auf das unparteiische Urtheil aller Kunstrichter und Theaterfreunde, die mich während meiner achtjährigen Direction spielen sahen, die ich nicht nur im Römischen Reich, besonders in Stuttgard, sondern auch in K. K. Erblanden nicht ohne Ruhm führte.
Ich getröste mich in Hoffnung auf Ew. Hochfürstl. Durchlaucht Großmuth, Menschenfreundlichkeit und Unterstützung der schönen Künste einer gnädigen Antwort und bin

Euer Hochfürstlichen Durchlaucht
Meines gnädigsten Fürsten und Herrn
unterthänigster
Emanuel Schickaneder,
Mitglied des K. K. Nationaltheaters.
Wien, den 10. December 1785.“

Die „gnädige Antwort" erfolgte schon am 17. Dezember und war recht ungnädig. Sie lautete: „Im Nahmen ohnverhalten: Sr. Hochfürstl. Durchl. könnten von dessen Anerbiethen einer deutschen Schauspielergesellschaft keinen Gebrauch machen, da dermahlen nach dem für jetzo enterhaltenden Spectakel keine Veränderung bevorstehe."

Das war eine peinliche Zurückweisung. Doch verlor Schikaneder deswegen nicht den Mut, sondern faßte einen neuen Plan. Am 18. Januar 1786 bat er den Kaiser Joseph in einem Gesuch um die Befugnis zur Erbauung eines neuen Theaters in Wien, auf dem Glacis. Er war also wohl entschlossen, in Wien zu bleiben und dem 1781 von Marinelli gegründeten Theater in der Leopoldstadt ein Konkurrenzinstitut entgegenzusetzen, das Publikum durch Humor und Schaustücke, den Kaiser durch die Pflege der deutschen Oper für sich zu gewinnen. Das Gesuch, in dem er versprach, deutsche und sittliche Stücke aufzuführen, und betonte, daß viele jetzt brotlose Menschen dadurch einen Beruf bekommen würden, wurde bewilligt: Der Kaiser erteilte ihm im Februar das Privilegium, ein neues Theater zu bauen – „nicht auf dem Glacis, sondern in einer Vorstadt, auf einem nicht zur Fortifikation gehörigen Grunde". Daraus ist zu ersehen, daß Joseph die besten Absichten betreffs der Förderung des deutschen Singspiels hatte. Im Sommer 1785 hatte der Hof das Kärntnertortheater innen umbauen lassen und darin neben der italienischen auch die deutsche Oper wieder eröffnet; man brachte aber fast keine deutschen Originalwerke, sondern meist Übersetzungen aus dem Italienischen und Französischen. Vom Ensemble waren eigentlich nur Mozarts Schwägerin Aloisia Lange und der neu engagierte Schikaneder wirkliche Sänger, im übrigen behalf man sich mit „teutschen Acteurs und Actricen, die zur Not singen konnten". Mozart versprach sich davon wenig Glück und meinte, „man suche nach den gemachten Anstalten in der Tat mehr die bereits vielleicht nur auf einige Zeit gefallene teutsche Oper gänzlich zu stürzen als ihr wieder aufzuhelfen und sie zu erhalten". Dem Kaiser war aber am Bestehen des deutschen Singspiels gelegen, und er wollte ihm eine von der italienischen Oper unabhängige Heimstätte schaffen. Das konnte nur auf volkstümlichem Gebiet geschehen, und dazu brauchte er einen aus dem Volk stammenden Mann. Das Leopoldstädter Theater mit seinen Kasperlpossen war diese Heimstätte nicht geworden. So entschloß sich Joseph, Schikaneder das Privilegium für ein dem deutschen Singspiel gewidmetes Volkstheater zu erteilen.

NEUES WANDERLEBEN: SALZBURG – AUGSBURG DIE OPER „DER LUFTBALLON"

Schikaneder trat am 28. Februar aus dem Verband des Nationaltheaters, und er hätte gewiß das neue Opernhaus, zu dessen Bau er berechtigt war, gebaut, wenn er das nötige Geld gehabt hätte. Vielleicht erfuhr er auch von neuen Intrigen der von Salieri angeführten italienischen Partei oder andern Hindernissen. Weder vom sparsamen Kaiser – der trotz seiner nationalen Gesinnung gegen die Lebenskraft des deutschen Singspiels ein nicht unberechtigtes Mißtrauen hegte – noch von privaten Kapitalisten war Geld zu haben. An andern Enttäuschungen und gewagten Erlebnissen wird es kaum gefehlt haben – die Tatsache besteht, daß Schikaneder im März 1786 Wien verließ, und zwar zusammen mit seiner neu gegründeten Gesellschaft. Nach dem Gothaischen Theaterkalender hatte er vor, „Schwaben und die Schweiz zu durchziehen"; doch beschränkte er sich anscheinend auf Süddeutschland. Am 3. Mai war die Truppe in Salzburg und begann eine Reihe von zehn Vorstellungen, meist Singspielen — Leopold Mozart schrieb damals an seine in St. Gilgen verheiratete Tochter, Emanuel sei mit den Sängern der Gesellschaft in Salzburg, Frau Schikaneder mit den Schauspielern nach Klagenfurt, von wo sie im Herbst auch nach Salzburg kommen werde; das dürfte aber wohl nur gesagt worden sein, denn Emanuel hatte ganz andere Pläne und hütete sich gewiß, den eigentlichen Grund der Trennung allgemein bekanntzugeben. Er suchte noch im Mai um die Erlaubnis an, in Augsburg „im Sommer einige Singspiele und Komödien aufführen zu dürfen", fand als alter Bekannter Entgegenkommen und absolvierte in Augsburg vom 3. Juni bis zum 18. September eine Spielzeit von vierzig Vorstellungen. Unter seinen Leuten waren die Demoiselles Jagdstein und Slenz, die Herren Illein, Rechenmacher, Schmerek, Herr und Madame Seve und das Ehepaar Schack, das erst gegen Ende Mai in Salzburg zur Truppe kam — Benedikt Schack war ein tüchtiger Komponist und Flötenvirtuose und hatte eine schöne Tenorstimme, über ihn als Sänger äußert sich Vater Mozart mit Entzücken; seine Frau, geborene Weinhold, war eine gute Altistin —, Schack wurde später in Wien Mozarts Freund und der erste Tamino. Dieser Augsburger Sommer brachte einige wertvolle und eigenartige Leistungen Schikaneders, der wieder als Hamlet bejubelt wurde, in deutschen Singspielen und italienischen Opern — so in der Oper „La forza delle donne" von Anfossi, die 1780 entstanden war — und in leichten Stücken wie in dem Lustspiel „Das Räuschchen" von Bretzner. Besonderes Aufsehen machte die Aufführung des „ganz neuen, großen, ernsthaft-heroischen" Singspiels „Balders Tod", mit der Schikaneder die Begeisterung für Ossian und das durch Klopstock erweckte Interesse für die nordische Mythologie zu einer wahrhaft neuartigen Darbietung benützte. „Balders Tod" war ein von dem dänischen Dichter Johannes Ewald verfaßtes „historisches Singspiel", das mit Musik von Johann Hartmann seit 1773 in Dänemark erfolgreich aufgeführt wurde. Schikaneder ließ zu der deutschen Übersetzung des Textes durch seinen Sänger Spindler eine neue Vertonung schaffen und gab auf dem Theaterzettel ausführliche Erklärungen, die er für notwendig hielt, weil der Stoff — der Lichtgott Balder, der die Frühlingsgöttin Nana liebt, wird durch die Tücke des listigen Gottes Loke von dem blinden Hödur mit dem Speer getötet — dem Publikum nicht bekannt war. Es heißt da: „Besondere Auftritte verdienen in dieser Oper angemerkt zu werden, zum Beispiel: das Flugwerk der Valkyrien und dann im dritten Aufzug das Terzett der Valkyrien, worunter sie in einer Erscheinung den Speer des Todes schmieden, womit hernach Balder getötet wird. Odin und Freya, Balders Vater und Mutter, erscheinen zuletzt in einer Wolke und sehen ihren getöteten Sohn, wie er von Thors und der Valkyrien Gefolg bemitleidet wird. NB. Die Valkyrien waren Odins Schildmädchen, welche in Schlachten ausgesandt wurden, um die Krieger auszuwählen, welche fallen sollten. Die Asen — ein Geschlecht, wovon alle Götter abstammten. Asgaard — die Burg und der Wohnsitz des Altvaters Odin. Walhall — die Halle der Erschlagenen, wo die Helden bis zum Untergang der Welt bewirtet werden." Außer dieser Aufführung, die Schikaneder geradezu als einen Vorläufer Richard Wagners erscheinen läßt, bestaunten die Augsburger wieder die realistisch gestalteten Vorstellungen der „Räuber", des „Fiesco" und besonders des „Grafen Waltron", der unter Entfaltung riesiger Massenszenen im Freien gegeben wurde. Leopold Mozart, der auch Emanuels Tätigkeit in seiner Vaterstadt nicht außer acht ließ, schrieb an Nannerl: „Schikaneder wird gewiß wieder trachten, den ‚Grafen Waltron' unter freyem Himmel zu geben, nur aber schade, daß er in Augspurg kein andres Militaire als die alten stroppierten Stadtsoldaten und Lohnwächter haben kann." Bei der ersten Vorstellung im Theater hatte Schikaneder angekündigt: „Heute führen wir den Waltron ebenso auf, als wann er unter freyem Himmel gegeben würde" — und seine geniale Bühnentechnik wirkte wahre Wunder: Über das Theater war ein großes Zelt gespannt; der „Prospekt" war perspektivisch verlängert, so daß er einen scheinbar meilenweiten Ausblick gewährte; die „Runde um das ganze Lager", die Ablösung der Wachen, das „Reveilleblasen", das Standrecht, das „Ausrücken des Exekutionskommandos" ergaben farbige soldatische Szenen; überdies wurde „im ersten Akt die Musik mit Trommeln und Pfeifen, im zweyten Akt mit Feldmusik, im dritten mit türkischer Musik gemacht".

Aber der Sommer 1786 brachte der Stadt Augsburg eine Sensation von ungewohntem und ungeahntem Ausmaß, und mit dieser Sensation waren auch das Theater und Schikaneder verbunden. Ein Luftballon sollte aufsteigen und das Interesse an einer solchen neu erfundenen Maschine war in ganz Deutschland so groß, daß eine wahre Völkerwanderung in Augsburg zusammenströmte, um diesen Aufstieg mit anzusehen.

Nachdem seit 1783 in Frankreich die ersten „Montgolfièren" und mit Wasserstoffgas gefüllten Ballons aufgestiegen waren, regte sich auch in Deutschland das Streben nach derartigen Leistungen und belebte die spielerische Stimmung des Rokokozeitalters mit einem Zug ins Praktische. Besonders die Triumphe des französischen Luftschiffers Blanchard reizten den Ehrgeiz deutscher Wagehälse; bei dem fieberhaften Taumel, der alle Welt ergriffen hatte, schien es eine patriotische und ruhmreiche Leistung zu beweisen, daß es auch eine deutsche Luftschiffahrt gebe. Der am Hof des Fürsten von Thurn und Taxis in Regensburg als „Hofrat" angestellte Baron Joseph Maximilian von Lütgendorf erbat kurz nach Blanchards ersten Aufstiegen in Deutschland vom Rat der Stadt Augsburg die Erlaubnis für das Steigenlassen eines von ihm ersonnenen „Luftballs". Schwere Bedenken ließen die Herren lange zögern, bis sie sich zur Bewilligung entschlossen; doch man sah endlich ein, daß diese Unternehmung „bey der Mehrheit der Personen, so occasione des Luftballs anhero kommen sollen", dem Ansehen und Wohlstand der Stadt nützen könne, und erteilte dem Baron am 14. Februar 1786 die Zusage. Nun entstand eine Flut von Reklame; schon die Vorbereitungen lockten Massen Schaulustiger aus der ganzen Umgebung nach Augsburg, die sich den werdenden Luftball gegen Eintrittsgeld besehen konnten. Das gleiche Aufsehen machte der außerhalb der Stadt in Angriff genommene und Ende Juli fertiggestellte Bau des Schaugerüstes für den Aufstieg. Das aus Holz gefertigte „Amphitheater zu der auf den 24. August 1786 bestimmten Füllung des von dem Hochfürstlichen Thurn und Taxisschen Hofrath, Herrn Baron Jos. Max. von Lütgendorf, zur Luftreise von Augsburg mit Verbesserungen, Zierde und Pracht, auch außerordentlichem Aufwand verfertigten, 35 Schuhe im Durchschnitt und 37 in die Höhe haltenden Luftballons" war ein wahres Wunderwerk: Es enthielt Galerien für Feldmusik, Trompeter und Paukenschläger und einen Fassungsraum für 4320 Zuschauer; nichts war vergessen, an alles gedacht worden — es gab „Balkons für distinguirte höchste Personen, welche über das bestimmte Entrée-Geld Don gratuite bezahlen", einen „Cafée- und Erfrischungsplatz", einen „Marquetänder-Platz" und „Appartements oder Abtritte".

Schließlich waren über hunderttausend Menschen von überallher — aus München, Nürnberg, Würzburg, Prag, Wien, Straßburg — in Augsburg versammelt und konnten den 24. August, den Tag des Aufstiegs, kaum erwarten. Doch das Wetter wurde täglich schlechter. Leopold Mozart, der an den Vorgängen regen Anteil nahm, schrieb am 25. an seine Tochter Nannerl: „Wenn gestern und heut die Witterung wie bey uns ist, so wird der Luftball seyne Reise wohl nicht angetretten haben — sollte es aber geschehen seyn, so wird er gar bald unter den Wolcken gewesen seyn, folglich mancher für seyne Reisespesen nach Augspurg wenig zu sehen gehabt haben. Ich denke, man wird's ganz gerne hinausschieben, damit mehr in der Statt verzehrt wird.

Kann man sich doch unterdessen mit concerten und mit commödien unterhalten." Und so war es auch. Am 24. war Regenwetter und Sturm, ebenso am 25.; am 26. verhinderte im letzten Augenblick ein scharfer Nordwind Füllung und Aufstieg. Es folgten Tage des Harrens, bis endlich am 4. September trotz des jetzt schön gewordenen Wetters Baron von Lütgendorf eingestehen mußte, daß sein gepriesener „Luftball" wegen technischer Unzulänglichkeit überhaupt nicht aufsteigen könne. Es erhob sich ein Schrei der Entrüstung. Viele hatten gar nicht so lang gewartet, es war ihnen die Geduld gerissen. Am 1. September meldete Vater Mozart seiner Tochter: „Gestern ist Graf und Gräfin Wallis hier abends von Augspurg angekommen, wo sie derzeit waren und vergebens auf das Aufsteigen des Luftballons gewartet haben. Marchand schrieb mir, daß die Zahl der gefoppten Münchner unglaublich seye. Das mehrere wird genug in die Zeitungen kommen." Das „Unternehmen" endete kläglich: Der „Hochfürstliche Hofrat" und Baron floh vor seinen Gläubigern aus Augsburg in das benachbarte Lechhausen und wäre als Bankrotteur elend zugrunde gegangen, wenn ihn nicht wie durch ein Wunder die Freigebigkeit eines Edelmanns gerettet hätte. Unter den angekommenen Gästen befand sich seit dem 21. August der K. K. wirkliche Geheime Rat und Kammerherr Graf Franz Joseph v. Thun aus Wien, der Sohn jenes Grafen von Thun in Linz, bei dem Mozart im Oktober 1783 auf der Rückreise von Salzburg gewohnt und dem er eine Symphonie (C-Dur KV 425) gewidmet hatte, mit seiner Gemahlin Wilhelmine, der verständnisvollen Schätzerin Mozarts. Als Graf Thun von dem Mißgeschick des Ballonfahrers erfuhr, bezahlte er dessen Schulden — vor dem Unwillen und dem Spott der getäuschten Menge konnte er den Baron freilich nicht schützen.

Schikaneder hatte nichts unterlassen, um sich an dem Unternehmen des Barons zu beteiligen und aus dieser Beteiligung Nutzen zu ziehen. Sein Theater ging infolge der vielen fremden Gäste glänzend, er suchte sich überdies das Amphitheater für seine Vorstellungen im Freien zu sichern und verfaßte ein neues Stück: „Der Luftballon. Eine Operette in drey Aufzügen", das er von seiner Truppe einstudieren ließ. Es sollte am Tag des Aufstiegs gespielt und mit der Vorstellung sollte zuletzt eine „Krönung" des von seiner Luftfahrt siegreich zurückgekehrten Barons verbunden werden.

Ein einziges Exemplar des gedruckten Textes der Gesänge hat sich erhalten, und die kritische Betrachtung dieses Büchleins ist in mehrfacher Hinsicht sehr lehrreich. Die „Arien auf den Luftballon, in einer Operette von drey Aufzügen. Herausgegeben den 24. August als an dem Tage der Luftreise des Freyherrn von Lütgendorf. Nebst einem Sinnbilde dieses 1. Künstlers" ermöglichen die Kenntnis der Handlung der „Operette" und lassen diese unbeschadet der aus praktischen Gründen mitbenützten Motive des Lust- und Schauspiels als eine für die musikalische Ausgestaltung sehr geeignete Gegenüberstellung von Gegensätzen erscheinen. Der Verfasser benützt den Gedanken einer Auffahrt in die Luft als Idee einer edlen, verklärten Liebe, die sich über Irdisches erhebt und die nur durch mutiges Bestehen einer Lebensgefahr ihr Ziel erlangen kann; diese Prüfung muß von beiden Liebenden, Mann und Weib, bestanden werden — nicht, wie allgemein in den Märchen und Dramen, vom Mann allein. Dieser reinen Liebe steht gegenüber die Sucht nach materiellem Gewinn und der Stolz auf Reichtum und Geld. Indem die Heldin den reichen Bewerber verschmäht, an die Seite des idealen Liebhabers tritt, mit ihm die Gefahr besteht und sich für immer mit ihm vereint, siegt die Idee des Edlen über das Gemeine und der Luftballon wird der körperliche Träger des seelischen Aufschwungs in die Gefilde des geistigen Glücks.

Dem jungen Le Blanc ist als Preis und Lohn für seinen erfolgreich durchgeführten Ballonaufstieg die Hand der von ihm geliebten Sophie zugesagt; um Ruhm und Liebe zu gewinnen, soll er die Schwerkraft überwinden. Mit der

Durchführung dieses ernsten Grundgedankens sind andere, zum Teil derbkomische Züge verbunden. Ein alter Seekapitän ist in Sophie verliebt und verspricht ihr, wenn sie ihn erhöre, all seinen großen Reichtum; eine stämmige Wirtin, die es auf den Kapitän abgesehen hat, ergeht sich in eifersüchtigen Rachepläne. Le Blanc preist den Flug in ideale Höhen, er schildert „die hohe Majestät und Pracht", die sein berauschtes Auge entzücken werden, wenn unter seinen freien Blicken die unermessene Fläche lachen wird. Dagegen entwirft der Kapitän lockende Bilder glänzenden Reichtums — er wird Sophie mit Perlen, Gold und Edelsteinen überschütten, sie „wird mit Kutsch' und Pferden fahren". Obwohl ihn die Wirtin mit allen Mitteln für sich zu gewinnen sucht und ihm sein Bedienter die Aussichtslosigkeit der Werbung vorstellt, drängt der Seemann Sophie seine Liebe auf; doch sie bleibt standhaft und erklärt, sie werde nur durch Freiheit und reine Liebe glücklich werden. Endlich steigt der Ballon mit Sophie und Le Blanc in die Höhe, unter dem Jubel des Chors, der die Fahrt des Ballons mit lebhafter Teilnahme verfolgt; in dieser Massenszene vereint sich der Zwiegesang der Liebenden, die unter Freudentränen einander in den Armen liegen, mit dem jauchzenden Zuruf des Chors, der die Fahrt der immer höher Schwebenden preist. Dann haben die beiden die gefährliche Prüfung heil bestanden, der Ballon sinkt nieder, die Insassen entsteigen der Gondel und zusammen mit dem Chor preisen sie ihr Liebesglück — aller Stimmen klingen zusammen in der Schlußszene:

„Chorus:

Heil dem schönen Paar und Glücke,
Das mit Lieb und Mut im Blicke
Sich aus unsern Augen schwingt
Und zum Wolkenhimmel dringt.
Heil! Heil! Heil!

Sophie, Le Blanc:

Es rinnen unsre Freudentränen
Bei euern, euern Jubeltönen,
Und neuer Mut und Himmelslust
Durchströmet unsre Brust!

Sophie:

Über Berge, Hain und Hügel,
Trauter! Flieg ich nun mit dir!
Und der Liebe Rosenflügel
Säusle schützend dir und mir!

Le Blanc:

Über Berge, Hain und Hügel,
Traute! Flieg ich nun mit dir!
Und des Ruhmes goldner Flügel
Rausche festlich dir und mir!

Alle:

Es folg euch Schutz, es folg euch Glück.
Lebt wohl! Und kehrt mit Ruhm zurück!

Sophie, Le Blanc:

Nun laßt uns länger nicht verweilen
Und hin zum Ziel der Wünsche eilen!

Chorus:

Fliegt auf leichtem Westgefieder,
Flieht aus unsrer Sphäre Blick;
Bälder sehen wir uns wieder,
Kehrt mit Ruhm und Heil zurück!

Sophie, Le Blanc:

Lebt wohl, ihr lieben, guten Leute,
Bald sehn wir uns mit neuer Freude.

Chorus:

Rühmt jauchzend nun das holde Paar,
Preist seine kühne Reise!
Mit Mut besiegt ist die Gefahr,
Singt ihm zu hohem Preise!
Lobt seine Lieb' im Hochgesang,
Frohlocket laut und singt ihm Dank.
Man soll bei Jubeltönen
Mit Lorbeern es bekrönen!

Sophie, Le Blanc:

Dank sei euch für eure Liebe,
Für den Beifall, heißer Dank!
Freunde! Unsre Ehrfurchtstriebe
Dauern unser Leben lang.
Heil dem Staat, der, sich zum Ruhme,
Edle Künste schützt und nährt
Und im Menschenheiligtume
Ihnen süßen Lohn gewährt!

Chorus:

Bekrönet ist das holde Paar,
Fangt an, ihr Weihungschöre!
Bringt ihm die besten Wünsche dar,
Frohlockt zu seiner Ehre!
Nun soll es seines Glücks sich freun,
Die Liebe wird ihm Rosen streun
Und es mit Himmelsfreuden
Durchs Erdenland begleiten.

Sophie:

Oh, Trauter! Welche Wonnen glühn
Im Busen mir und Blicke;
Es fühlt mein freudentrunkner Sinn
Nichts als sein himmlisch Glücke.
So laß uns dann nun Hand in Hand,

Zum ewig festen Seelenband,
Hin zum Altare eilen
Und Glück und Freude teilen.

Le Blanc:

Oh, Traute! Kaum erhol ich mich
Von so viel Wonneszenen!
Mein nenn ich, bestes Mädchen, dich!
Fließt nur, ihr Freudentränen!
Ja, Holde! Laß uns Hand in Hand,
Zum ewig festen Seelenband,
Hin zum Altare eilen
Und Glück und Freude teilen!

Schlußchor:

Geld zeugt die wahre Liebe nie,
Ihr Quell ist Seelenharmonie."

Auch in bezug auf dieses Stück muß eigens betont werden: wir tun dem Verfasser unrecht, wenn wir an ihn Ansprüche stellen, als wäre er ein nach literarischen Lorbeeren strebender Poet gewesen. Es ist eine für eine bestimmte Gelegenheit geschaffene Arbeit und hätte gewiß Erfolg gehabt, wenn nicht leider die geplante Aufführung durch die Entlarvung des prahlenden Barons und die Unmöglichkeit des Aufstiegs hätte unterbleiben müssen. Es hat vor allem den großen Vorzug der Kürze, und die Gesangsnummern — Arien, Duette, Terzette, ein Quartett und Chöre — ergaben zusammen mit dem gesprochenen Dialog ein Singspiel, das zumindest andern Singspielen nicht nachstand. Es ist sehr wahrscheinlich, daß Schikaneder auch diesmal die Musik selbst geschaffen hatte, und es ist sehr schade, daß sie nicht erhalten ist. Der Grundgedanke einer Prüfung, die von den Liebenden gemeinsam bestanden werden muß, damit die Liebe sich bewähre und des Lohnes würdig sei; das seltsame

Gemisch von ernsten und komischen Zügen; die Verheißung des frohen Wiedersehens nach bestandener Gefahr und der Jubelchor am Schluß — alles das beweist die wundersame Tatsache, daß Schikaneder als Textdichter einen Weg einschlug, der zur „Zauberflöte" führen mußte. Ja, er selbst mag sich später, als er „Die Zauberflöte" schrieb, an jenes Singspiel, in dem ein körperlicher Aufstieg als ein Sinnbild das äußere Zeichen eines seelischen Aufschwungs darstellte, bewußt oder unbewußt erinnert haben. Denn Verse wie: „Lebt wohl, bald sehn wir uns mit neuer Freude!", „Rühmt jauchzend nun das holde Paar!", „Mit Mut besiegt ist die Gefahr!", „Bekrönet ist das holde Paar!", „Die Liebe wird ihm Rosen streun!" und manche andere kehren fast wörtlich in der „Zauberflöte" wieder, wie auch gewisse einzelne Wörter — „Harmonie", „Trauter", das mit Vorliebe gebrauchte „hold" — beiden Stücken gemeinsam sind. Und ähnlich ist es mit Wendungen wie der folgenden, die gleichfalls ihren Nachklang in der „Zauberflöte" hat:

„Wirtin:

Liebes Kapitänchen!
Süßes Herzensmännchen!
Jetzt leb ich und lieb aufs neu,
Denn du bist mir ferner treu.

Schiffskapitän:

Ja, mein Kind, bei meiner Ehre! —
Wenn sie doch beim Henker wäre!

Wirtin:

Du hast mir mein Herz gestohlen.

Schiffskapitän:

Möchte sie der Teufel holen!"

Der Zusammenbruch des Lütgendorfschen Unternehmens brachte Schikaneder, abgesehen von der an die Operette „Der Luftballon“ verlorenen Mühe, sicher auch finanziellen Verlust, und wir wissen nicht, ob der Graf Thun ihm gegenüber so großzügig handelte wie gegen den Baron. Doch einer verlorenen Sache nachzuweinen war nicht Emanuels Art, und um neue Pläne war er nie verlegen. So verschmerzte er den Verlust, und das Abenteuer mit dem Luftballon blieb eine bloße Erinnerung im Gemüt des Mannes, der vieler Menschen Städte gesehen und ihren Geist erkannt hatte.

Daß Schikaneder dieses Singspiel schrieb, ist ein Beweis dafür, daß er trotz der körperlichen Trennung in geistiger Gemeinschaft mit Mozart blieb, daß die beiden in Wien ihren Salzburger Opernplan wiederaufgenommen und genau besprochen hatten und daß die Handlung der künftigen gemeinsamen Oper in den Grundzügen feststand. Schikaneder trug diesen Plan im Gedächtnis, dachte an ihn — und wie rege er sich mit ihm befaßte, geht daraus hervor, daß sein „Luftballon“ auf der dieser Handlung zugrundeliegenden Idee beruht. Die in Salzburg geschlossene Freundschaft dauerte weiter, und beide Freunde wußten: Wenn das Schicksal sie je wieder vereinte und ihnen die Möglichkeit der Aufführung gewährte — dann würde auch das gemeinsam geplante Kunstwerk entstehen in gemeinsamer Arbeit; dann würde der ägyptische Prinz Thamos oder Tamino mit seiner Prinzessin durch treue Liebe alle Gefahren bestehen und von dem „das holde Paar“ beschützenden weisen Priester im Sonnentempel mit ihr aus den Gegensätzen Mann und Weib zu einer seelischen Einheit vermählt werden. Schikaneder hatte vom November 1784 bis 1785 in Wien geweilt; am 14. Dezember 1784 erfolgte Mozarts Aufnahme in die Freimaurerloge „Zur Wohltätigkeit“ — es ist unmöglich, daß die Idee des Freimaurertums bei den Gesprächen der zwei vertrauten Freunde ausgeschaltet blieb. Mozart war ein überzeugter Freimaurer — von ihm gilt der freimaurerische Satz, daß ein Freimaurer nur werden könne, wer immer einer gewesen sei –, und es war nicht zu umgehen, daß sein Plan einer künftigen deutschen Oper, der ihm zur Herzenssache geworden war, unwillkürlich eine maurerische Gestalt anzunehmen anfing: Die Aufnahme in den Bund der Edelmenschen muß verdient werden durch eine Prüfung in der symbolischen Form der „Reise durch die Elemente". Was in der „Zauberflöte" das Durchschreiten des Feuers und des Wassers wurde, das ist im „Luftballon" die Bezwingung der Luft durch Unerschrockenheit und seelische Stärke, durch die Weisheit und Schönheit zum Sieg gelangen. Es lag ganz in der Bahn dieser geistigen Entwicklung, daß die freimaurerische Tendenz schon im „Luftballon" zutage trat. Doch wird Schikaneder kaum Wesen, Idee und Bräuche der Freimaurerei bloß vom Hörensagen gekannt haben, sondern er kannte sie aus eigener Anschauung. Mozart hat kurz vor seinem Tod die „Kleine Freimaurerkantate" komponiert, deren Schlußchor jetzt die österreichische Bundeshymne ist. Der Text dieses Chores ist von Schikaneder verfaßt – er beginnt mit den Versen:

„Laßt uns mit geschlungnen Händen,
Brüder, diese Arbeit enden
Unter frohem Jubelschall!
Es umschlinge diese Kette
So wie diese heil'ge Stätte
Auch den ganzen Erdenball! –"

Die Kantate ist aber die Neufassung einer früheren Fassung, die 1785 entstanden war. Es ist also Schikaneder kaum erst später in Regensburg Freimaurer geworden, vielmehr wurde er dies schon 1785 in Wien, denn nur als Mitglied einer Loge konnte er den Text für ein Freimaurerlied verfassen; aber es lag auch nahe für ihn, Freimaurer zu werden, weil dies damals jeder geistig höher Strebende tat: Der Dichter jenes Schauspiels „Thamos, König in Ägypten", dessen Handlung die Anregung für Mozarts Opernplan gegeben hatte, Tobias Freiherr von Gebler, lebte als Freimaurer in Wien; von Schröder in Hamburg, dem Entdecker Shakespeares, angefangen, waren alle über dem Durchschnitt stehenden Schauspieler Freimaurer – in ganz Deutschland, aber besonders in Wien, wo Kaiser Joseph die Freimaurer unter seinen persönlichen Schutz genommen hatte. Das hatte auch seine praktische Seite für einen, der etwas erreichen wollte. Daß Emanuel, der das damals nötig hatte, nicht nur aus praktischen Erwägungen Freimaurer geworden war, zeigt „Der Luftballon", dessen Text auf freimaurerischer Gedankenwelt beruht und auch im sprachlichen Ausdruck freimaurerisch ist – gerade so wie „Die Zauberflöte". „Der Luftballon" ist der unwiderlegliche Beweis dafür, daß Emanuel Schikaneder der Verfasser des Textes der „Zauberflöte" ist.

Er war auch sonst nicht müßig und unter den neuen Stücken, die er schrieb, waren einige besonders für Augsburg bestimmt und behandelten lokale Stoffe. Ungedruckt und verloren ist „Die Hexe von Augsburg", die Dramatisierung der Sage von der Hexe, die dem südlich der Donau vordringenden Hunnenkönig Attila den Eintritt in die Stadt Augsburg verwehrte. Dagegen wurde (1792 in den „Sämtlichen Werken") gedruckt das in Augsburg aufgeführte Schauspiel „Philippine Welserin, die schöne Herzogin von Tyrol" – ein Ritterstück nach dem Muster der „Agnes Bernauerin", mit der Emanuel in Salzburg ein so großes Geschäft machte. Es führt das Eheglück des Herzogs Ferdinand von Tirol und seiner Gattin Philippine vor; ein böser Hofherr entfernt den Herzog und bemächtigt sich nach vielen Schwierigkeiten der Herzogin – eben will er sie töten, da kommt der Herzog zurück und befreit sie; der Hofherr wird bestraft. Schikaneder dichtete die Geschichte vom bösen Vicedom und der armen Agnes wieder und gab seinem Stück von vornherein den guten Ausgang, den er der „Agnes" durch eine Änderung verschafft hatte. Geschickt sind die typischen Motive des Ritterdramas verwendet: Die

Expositionsszene spielt wie üblich im Wirtshaus, der Abschied des Herzogs von Philippine wird rührend geschildert; beim Mondenschein wird das herzogliche Schloß vom Hofherrn überfallen; endlich soll Philippine in der von Reitern besetzten Waffenkammer getötet werden. Auch Wetter-, Geister- und Zaubererscheinungen wirken mit: Über Schloß Ambras steht eine Wetterwolke, Hagelsturm zerbricht die Fenster, der Mesner erblickt nachts in der Kapelle einen gespenstigen Leichenzug; beim Abschied wird Philippinens Trauring schwarz und zerspringt an ihrem Finger; vor dem Überfall auf der Burg läutet die Todesglocke von selbst, und des Herzogs Bild weint blutige Tränen — Räuber nehmen Philippine dem Hofherrn weg und verstecken sie in einem Bergwerk, dorthin führt „der Berggeist in der Größe eines Knaben“ mehrere Bergleute, und diese bringen die Geraubte wieder nach Innsbruck zurück. Auch hier ist viel von der Darstellung abhängig: Der Hofherr deutet (wie Franz Moor) in großen Monologen seine Absichten an, beim Abschiedsfest „bezeigt Philippine bei ihrem Tanze mehr Traurigkeit als Freude“; zuletzt lockt sie der Hofherr in die Waffenkammer und gibt seinem Knecht allerlei Weisungen: „Hast du einen guten Dolch, ihre Adern zu öffnen?“, „Nimm zwey starke Tücher mit dir, um ihr den Mund zuzustopfen!“ Schon sieht man die Wanne, in der Philippinens Blut aufgefangen werden soll, da erscheint der Herzog und verhindert den Mord, der Hofherr wird gefangen und einem Reiter geschenkt, der darüber jubelt: „Kommt, Kameraden! Mit mir nach Innsbruck, dort wollen wir dem ganzen Volk mit diesem Bösewicht ein Freudenfest anstellen, daß sogar die Teufel in der Hölle dazu jauchzen sollen!“ Auch fehlen nicht Anmerkungen für die Regie; der Darstellerin der Philippine wird eigens vorgeschrieben, wann sie sich blaß machen soll.

Am 18. September war die letzte Vorstellung, dann ging Emanuel auf eine Gastspielreise in die Umgebung von Augsburg — er verhandelte mit dem Augsburger Rat wegen der Winterspielzeit; zugleich jedoch verfolgte er einen andern Plan: Er hatte seine Bitte um das Regensburger Theater an den Fürsten von Thurn und Taxis erneuert und hatte Grund, auf eine günstige Erledigung zu hoffen — denn ihm war gelungen, sich die Empfehlung einflußreicher Männer zu sichern, und der Wunsch nach Eröffnung einer deutschen Schaubühne wurde von einer Anzahl Reichstagsgesandter immer stürmischer geäußert. Am 1. November 1786 schrieb er in der alten freien Reichsstadt Memmingen, wo er im Herbst gespielt hatte, einen Brief nach Augsburg mit dem Ersuchen, man möge „das Theater herrichten", weil er am 11. abreisen, am 12. abends eintreffen und schon am 13. spielen wolle. In Memmingen hatte er die Bekanntschaft des volkstümlichen schwäbischen Liederkomponisten Rheineck, des Besitzers des Gasthofs „Zum weißen Ochsen", gemacht und dessen eben entstandenes „Lied eines Vogelstellers" kennengelernt, in dem eine frühere Schubartsche Melodie verwertet war: Auf die eigentliche Strophe folgte ein Nachspiel im Sechsachteltakt, das einem in Schwaben üblichen Lockruf der Vogelfänger nachgebildet war. Er merkte sich die Melodie — vielleicht weil die Figur eines Vogelstellers in zahlreichen Volksstücken und Balletten vorkam, weil er selbst sich für eine Art Vogelsteller hielt, der das Publikum wie „Vögel" ins Theater locken mußte und weil er immer eine Vorliebe für Vögel besessen und in Preßburg ein ganzes Stück mit lauter Vögeln aufgeführt hatte —, und als er später für sich die Rolle des „Vogelfängers" Papageno schuf, da erinnerte er sich der in Memmingen gehörten Melodie des Vogelstellerliedes und sang sie seinem Freund Mozart vor, der sie in der Arie „Ein Mädchen oder Weibchen wünscht Papageno sich" verwendete. Die auf diese Art zu Mozart gekommene Melodie ist ein Beweis für Mozarts und Schikaneders gemeinsame Arbeit.

Er gab vom November 1786 bis „Fastnachtssonntag" 1787 in Augsburg zweiundfünfzig Vorstellungen. Dann verließ er die gastliche Stadt und ist nie zurückgekommen. Ein glänzender Vertrag mit dem Fürsten von Thurn und Taxis war zustande gekommen. Am 29. Mai 1787 übernahm Emanuel Schikaneder die Direktion des vom Fürsten eingerichteten „national-deutschen Schauspiels“ in Regensburg — der Stadt seiner Kindheitserinnerungen, in der seine alternde Mutter lebte.

Noch sind einige Dramen zu erwähnen, die in Schikaneders „Sämtlichen Werken“ 1792 gedruckt wurden, aber viel früher entstanden waren. Sie alle sind für die Aufführung geschrieben, geschickt gemacht, und es gibt in ihnen keine einzige undankbare Rolle — sie sind Arbeiten eines erfahrenen Praktikers. Für das fünfaktige Lustspiel „Die Postknechte oder Die Hochzeit ohne Braut“ sind „Die Jäger“ von Iffland das Muster, die Schikaneder seit 1785 im Repertoire hatte: Aus dem Försterhaus ist ein Posthaus, aus den Jägersleuten sind Postillione geworden. Der brave Postmeister hat an dem tückischen Landpfleger, dem er seine Tochter Viktorl verweigerte, einen Todfeind; die hoffärtige Postmeisterin begünstigt den verhaßten Bewerber. Dazu kommt das damals beliebte Motiv des Deserteurs. Ein solcher ist Viktorls Geliebter, der als Knecht beim Postmeister dient. Der Landpfleger will ihn verhaften, das gibt der Postmeister nicht zu; er dringt während des Verhörs in die Amtsstube und befreit den Gefangenen mit Hilfe der Postknechte. Die Lösung bringt der Deus ex machina: Der Landpfleger konfisziert im Posthaus eine Kiste mit Wein und will den Postmeister als Schmuggler verhaften; doch ist das der Wein des „neuen Gouverneurs“ Graf Billenhof, der auf Reisen „stets eigenen Wein bei sich führt“. Er kommt an, beobachtet unerkannt die Vorgänge, entlarvt und bestraft die Schuldigen. Auch der Deserteur ist unschuldig, denn ein Freund hat ihn mit Rücksicht auf seinen alten Vater losgekauft. Die Personen sind gut charakterisiert: der biedere Postmeister, sein schwatzhaftes Weib, die einzelnen Postknechte und die beiden Schreiber des Landpflegers. In unzähligen Anweisungen wird den Schauspielern fast jede Bewegung, jeder Blick vorgeschrieben, alles ist auf den Effekt berechnet, für die Zusammenstöße zwischen Postmeister und Landpfleger und das Verhör des Deserteurs wird „Kabale und Liebe“ (Miller und Präsident, Ferdinand und Präsident) mit wörtlichen Anklängen benützt, zur Vertiefung der Stimmung wird häufig das Posthorn auf oder hinter der Bühne geblasen. — „Die getreuen Untertanen oder Der ehrliche Bandit“ (Lustspiel in drei Aufzügen) erinnern an ein ländliches Singspiel. Die Hauptpersonen sind Soldaten. Um den alten General Bresch bald beerben zu können, dingt dessen Neffe einen Hauptmann, daß er mit dem General Streit anfange und ihn im Duell erschieße. Der Hauptmann aber ist der totgeglaubte Sohn des Generals, der diesem als Kind durch einen schurkischen Hofmeister gestohlen und nach dem Orient verkauft wurde; er geht zum Schein auf den Schurkenstreich ein, setzt aber den General davon in Kenntnis; dem Junker sagt er, er habe den General schon umgebracht. Später erscheint der General dem Neffen als Gespenst und zwingt ihn zum Geständnis. Damit sind komische Szenen aus dem Dorfleben verbunden: Die Bauern haben sich zur Feier des Geburtstags des Generals militärisch organisiert, der Bauernbursch Michel steht Schildwache und gibt, während er sich ein wenig entfernt, das Gewehr seiner Braut Rosel zu halten. Bei der Begrüßung des Generals gehen die Gewehre nicht los; außerdem spielt sich im Verlauf des Stücks eine Eifersuchtsszene zwischen Michel und Rosel ab. Diese dörflichen Szenen sind dem Dichter geglückt. — Das vieraktige Schauspiel „Herzog Ludwig von Steyermark oder Sarmäts Feuerbär“ ist wieder ein Ritterdrama. Der greise Herzog Ludwig ist von seinem Vetter Karlmann für blödsinnig erklärt worden. Karlmann hat mit Hilfe seines grausamen Feldherrn Banherr die Herzogswürde an sich gerissen; ihnen steht eine edle Gruppe gegenüber in der Familie des Grenzgrafen Ernst, der treu zu Ludwig hält, deswegen von Karlmann gefangen wird und in siedendem Öl getötet werden soll. Schließlich führt das Eingreifen Sarmäts, eines in den Alpen hausenden Zauberers, zur Rettung Ernsts, und Karlmann wird wahnsinnig. Den Hintergrund bilden Alpenlandschaft und Sennerleben und, geschickt in die Handlung verflochten, werden zwei bäuerliche Liebesleutchen vorgeführt, die das komische Element vertreten. Steinerne Gewölbe, unterirdische Gänge, grausige Reiterszenen im Gebirge sorgen für Spannung, die Versammlung der Landstände wird zur Massenszene; endlich erscheint der Richtplatz vor der Stadt, Knechte schüren das Feuer unter dem Ölkessel, das Volk drängt sich herzu, von einem hohen „Leuchtturm" betrachtet Karlmann das Schauspiel, wie Graf Ernst unter Trommelschlag herbeigeschleppt wird. Damit verbindet sich der Zauber: Sarmät wohnt einsam in einer Berghöhle, er ist ganz in Felle gekleidet, seine Haube ist ein Tigerkopf, mit Schlangen umwunden, sein Zauberspiegel zeigt ihm die Zukunft, durch Berührung mit einem Zauberhammer macht er die Menschen toll. Bei ihm wohnt sein feuerspeiender Bär; wenn er auftritt, rollt ein „Feuerklotz" vor ihm. Er „liebt jedes Würmchen in der Natur", hilft den Guten mit Rat und Trost, will immer zuerst gütlich schlichten; es tut ihm weh, wenn er doch die Bösen strafen muß. Das idyllische Leben einer Sennerin und ihres Liebhabers Matthies gibt Sarmät Gelegenheit zur Vorführung vieler Zauberkunststücke, an denen sich der Bär stark beteiligt.

Diese Proben zeigen, wie fleißig und geschickt Schikaneder als Theaterdichter arbeitete. Alle seine Stücke — außer den besprochenen viele, die ungedruckt blieben — erfüllten ihren Zweck: Sie machten den Schauspielern Freude und übten Wirkung auf das Publikum.

DAS THEATER IN REGENSBURG

Schikaneders Direktion in Regensburg läßt sich auf Grund der im dortigen Fürstlich Thurn und Taxisschen Zentralarchiv vorhandenen Akten in allen Einzelheiten genau verfolgen. Hier sei nur ein Überblick gegeben, der auf die wichtigsten Ereignisse Rücksicht nimmt. Fürst Karl Anselm war durchaus nicht geneigt, ein deutsches Theater einzuführen, und antwortete auf eine von den Gesandtschaften an ihn gerichtete Eingabe zuerst ablehnend und sogar sehr spitzig. Im Frühling und Sommer 1786 wurden zwischen den „Gesandtschaften" und dem Fürsten ausführliche „Noten" gewechselt, deren diplomatische Ausdrucksweise den auf beiden Seiten vorhandenen Eigensinn nur leicht verdeckt. Der fürstliche „Musik- und Theaterintendant" Baron von Schacht hatte einen schweren Stand; im ersten Zorn gab ihm Karl Anselm im Mai 1786 von dem Lustschloß Trugenhofen aus den Auftrag, das vom Fürsten bisher erhaltene italienische Theater aufzuheben. Darauf antworteten die Gesandten, sie wollten nicht, daß das bisherige Theater verschwinde, bäten jedoch um Genehmigung und Erlaubnis, ein zweites, deutsches Theater selbst erbauen zu dürfen.

Um dies zu verhindern und eine Schwächung seines Einflusses zu verhüten, gestattete der Fürst, daß in seinem Hoftheater deutsche Gesellschaften spielten, so die Schopfsche, bei der Schikaneder alte Bekannte hatte. Durch diese und durch Regensburger Ansässige mag Emanuel von der Zuspitzung der Verhältnisse erfahren haben. Er benützte die Gelegenheit, wandte sich an den Fürsten mit einem zweiten Gesuch und dieser, der nicht, indem er den Gesandten freie Hand ließ, die Zügel aus seinen Händen geben wollte, ließ sich mit dem „Direkteur", der sich schon einmal um das Regensburger Theater beworben hatte, in Verhandlungen ein, die für den Direkteur günstig endeten. In einem am 27. Februar 1786 abgeschlossenen Kontrakt, dem später ein förmliches „Überlassungsdekret" folgte, wurde dem Bewerber das Hoftheater übergeben, der Fürst bewilligte diesem einen Betrag von fast viertausend Gulden jährlich, dazu kamen noch die „Abonnements" der Gesandten und die vom Publikum gezahlten Eintrittspreise — Emanuel hatte eine sichere Stellung und glänzende Einnahme. Es gelang ihm, die Gunst Karl Anselms — der die Repräsentation bei der „allgemeinen Reichsversammlung" seinem Sohn, dem Erbprinzen Alexander, überließ und sich lieber mit seiner ihm angetrauten Geliebten, „Madame Hildebrand", auf Schloß Trugenhofen aufhielt — zu gewinnen und sich zu erhalten, so daß er neue Vorteile bekam und Zwistigkeiten leicht geschlichtet wurden; diese entstanden dadurch, daß einzelne Schauspielerinnen „Gesandte" zu Verehrern hatten und im Gefühl solchen Schutzes gegen den Direkteur keck wurden.

Das Regensburger Repertoire ist von staunenswerter Mannigfaltigkeit. „Die Räuber", „Kabale und Liebe", „Don Carlos", „Emilia Galotti", „Richard III." sind darin enthalten, Mozarts „Entführung aus dem Serail", Martins „Cosa rara", Dittersdorfs „Doktor und Apotheker" — und eine Menge von Schau- und Lustspielen, Possen, komischen Opern, Balletten und Pantomimen. Wieder veranstaltete Schikaneder große Aufführungen im Freien. Zuerst gab er den „Waltron" und kündigte ihn mit folgenden Worten an: „Das ganze Stück wird mit allem möglichen Pomp und Pracht vollkommen nach der Vorschrift des Verfassers dargestellt. 1) wird vor Anfang des Stückes durch das ganze Lager Reveille geschlagen, die Offiziere kommen zum Frühstück. 2) Die Gräfin v. Waltron, die in einem wirklichen Postzug ihren Gemahl zu überraschen kommt. 3) Das Standrecht. 4) rückt das Exekutionskommando zu Pferd aus und formiert den Kreis. 5) Lieutenant Kronenburg, der zu Pferd den Pardon bringt. 6) in Begleitung einiger Kavalleristen der Prinz in vollem Carriere in dem Augenblick, da Waltron sterben soll, zur Rettung herzueilend. Und dann der anrückende Feind, das Bataillon Quarré-Feuer, das Granadenwerfen der Grenadiers, das Kanonieren inzwischen, erregen gewiß die höchste Täuschung und rühren mit Macht an das Herz jedes empfindsamen Zuschauers." In derselben Weise wurde die Vorstellung des von Schikaneder verfaßten Trauerspiels „Der Grandprofoß" angekündigt: „Um dieses Stück noch mehr in das Licht zu stellen, sind weder Fleiß noch Kosten gespart worden. Das Lager steht ganz anders als bei Waltron, die Angriffe der Husarenposten, das abwechselnde Kanonen- und Musketenfeuer, der kriegerische Lärm vom Angriff des Feindes und der Gefahr, in die der König geraten, nebst vielen andern im Lager gewöhnlichen Auftritten trocknen die Tränen ab, die man einer unglücklichen, beinah unschuldigen Frau geweint hat."

„Der Grandprofoß", gedruckt Regensburg 1787, ist ein Seitenstück zu Möllers „Waltron"; Schikaneder macht, um die Rührung zu vergrößern, nicht einen Offizier, sondern eine Frau zum Opfer der militärischen Strenge. Das Stück spielt im Kriegslager; der „Grandprofoß" hat befohlen, daß jeder, der bei einem noch so geringen Diebstahl ertappt werde, binnen einer halben Stunde sterben müsse. Vielleicht in Anlehnung an „Die Räuber" werden zwei Brüder eingeführt: der eine, Fähnrich, ist ein Bösewicht, der andere, Feldwebel, ein ehrlicher Mensch, der sich mit seinem Vater verfeindet hat, weil er ein diesem verhaßtes Mädchen heiratete. Der Vater wird durch die Intrigen des bösen Sohnes in seiner Feindschaft gegen den Feldwebel bestärkt. Der Feldwebel bittet seinen Bruder um ein Darlehen, weil er einen pardonierten Deserteur bewirten will; da die Bitte nicht erfüllt wird, versucht seine Frau, einem Bauern einen „Indian" zu stehlen; sie wird ertappt und soll hingerichtet werden. Und nun wird alles aufgeboten, die Nerven der Zuschauer auf die Folter zu spannen. Nicht die Bitten des Feldwebels, seiner zwei Kinder, des Vaters, der sich mit ihm versohnt hat, nicht die Bitten des Obersten, ja des Scharfrichters, den die arme Frau dauert, können den Grandprofoßen erweichen. Er läßt das Urteil vollstrecken, während der Feldwebel im Kampf den König aus großer Gefahr rettet. Als der Gatte die Schreckensnachricht erfährt, schießt er den Grandprofoßen nieder und läßt sich gefangennehmen. In der „Vorerinnerung" der Druckausgabe erwähnt Schikaneder besonders eine Kinderrolle: Ein zehnjähriges Bauernmädchen bringt der Verurteilten vor der Hinrichtung einen Blumenstrauß und verspricht ihr weinend, für ihre Kinder zu sorgen — er sagt, daß diese Szene schon bei der Probe die Schauspieler zu Tränen gerührt habe, und erklärt: „Der Beifall, den gegenwärtiges Trauerspiel bei dessen Aufführung erhielt, könnte allerdings ein Beweggrund sein, warum ich es der lesenden Welt mitteile. *Allein ich schreibe nicht für die Leser, ich schreibe für die Bühne,* dahin verweise ich meinen Herrn Rezensenten — er mache sich alsdann noch lustig! Die allgemein gesammelte volle Tränenernte dieses Stücks ist mir Beweis und Befriedigung für meine Arbeit. Mein einziger Hauptzweck dabei ist, für die Kasse des Direkteurs zu arbeiten und zu sehen, was die größte Wirkung auf der Bühne macht, um ein volles Auditorium und gute Einnahmen zu erzielen. — Sollte dieses Trauerspiel auf ausländischen Bühnen eben diese Wirkung tun, die es auf der meinigen machte, so würde es mich bewegen, 17 noch ungedruckte, aus Trauerspielen, Lustspielen, komischen Opern und einigen Possen bestehende Stücke herauszugeben."

Auch die Oper „Balders Tod" wurde mit überwältigender Pracht der Inszenierung gespielt. „Die Räuber oder Der Fall des Moorischen Hauses" war ein im Freien dargestelltes großes Prunk- und Kriegsspiel mit einer Schlacht zwischen der Räuberbande und dem Militär und schließlichem Brand und Einsturz des Grafenschlosses. Alles aber überbot das von Schikaneder verfaßte Ritterstück „Der Kampf Hanns Dollingers mit dem Heiden Krako, ein ganz neues, aus der vaterländischen Geschichte gezogenes großes Schauspiel", die Ausgestaltung einer Regensburger Lokalsage (gedruckt 1792). Auf dem „Oberen Werd", einer in der Donau gelegenen Insel, ging am 20. Juli 1788 die einzige Aufführung dieses Dramas vor sich. Der erste Akt spielte in einem Dorf, der zweite im Garten des Kaisers, der dritte brachte eine Sitzung des Blutgerichts „in einem neu verfertigten Turm, wie es zu alten Zeiten gehalten worden, auf das genaueste vorgestellet", und das große Turnier zwischen Dollinger und dem vom Teufel beschützten Krako. Der Kaiser kam in einem Triumphwagen „unter Begleitung geharnischter Ritter und Freudengesang der Meistersinger unter Trompeten- und Pauckenschall" gefahren; der Kampf wurde, „wie es zu alten Zeiten üblich war, zu Pferde vorgestellet", die Pferde waren geharnischt, und es wurden „die nämlichen Lanzen im Zweikampf gebraucht, die Dollinger und Krako selbst führten". Da das Turnier bloß den Schluß bildete, schuf sich Schikaneder aus Motiven des „Götz", der „Räuber" und der „Bernauerin" eine Handlung voll spannender Steigerung. Während des wechselvollen Turniers jubelte und klagte das Volk; als Dollinger den Krako erstach, sangen die Meistersinger, von Trommeln, Pauken und Trompeten begleitet, einen Jubelchor.

Die Aufführung wurde für Schikaneder ein Triumph; dreitausend Zuschauer waren anwesend, die Einnahme betrug tausendfünfhundert Gulden. Doch die Erfolge machten Emanuel übermütig — und leichtsinnig war er stets gewesen. Der Fürst hatte den Kontrakt 1788 anstandslos erneuert und große Beweise seiner Gnade und Freigebigkeit gegeben. Aber die Frechheit und der Ungehorsam der durch Liebschaften mit Gesandten eingebildet gewordenen Theaterdamen mehrten sich, und Schikaneder, der mit Recht die Disziplin für die unentbehrliche Grundlage gedeihlicher Arbeit hielt, konnte zuletzt nicht mehr anders

— da kein Mittel half, mußte er die zwei widerspenstigsten Actricen entlassen. Diese, Madame Seve und Demoiselle Engst, riefen ihre Verehrer, Baron von Oxenstierna und andere, zu Hilfe, und es wurde eine arge Hetze gegen den Direkteur losgelassen. Er hätte vielleicht gesiegt — doch er konnte sich nicht an den Fürsten wenden, weil bei der „allgemeinen Reichsversammlung“ und in ganz Regensburg sich immer lauter das Gerücht erhob, Schikaneder sei der erklärte Liebhaber der „Madame Hildebrand“, der Geliebten des Fürsten — und wenn Emanuel seine Gegner noch mehr erzürnt hätte, dann wäre eine Wendung möglich geworden, die für ihn recht unangenehm hätte werden können. Er hatte bisher die Gunst des Fürsten genossen — im Frühling 1789 aber stand er vor der Wahl: entweder den Respekt bei seiner Truppe einzubüßen und zum Gespött der Stadt zu werden oder dadurch, daß seine Affäre mit der Hildebrand aufflog, sich des Fürsten Feindschaft zuzuziehen und mit Schimpf und Schande aus Regensburg gejagt zu werden. Er suchte sich zunächst die gute Meinung des Fürsten, des Erbprinzen und der hohen Beamten zu erhalten durch möglichst treu und dankbar gehaltene Eingaben und Berichte, die er übrigens öfter als einmal als „*Johann* Emanuel Schikaneder“ unterschrieb — ein Beweis dafür, daß Emanuel ein angenommener Name war und daß er seinen eigentlichen Vornamen gut kannte. Da ergab sich wie durch ein Wunder plötzlich für ihn die Möglichkeit, seine Tätigkeit als Direkteur nach Wien zu verlegen, Regensburg ohne Skandal zu verlassen und sich sogar einen guten Abgang zu sichern.

ABSCHIED VON REGENSBURG UND ANKUNFT IN WIEN

In der Kaiserstadt war der Frühling der deutschen Oper, dessen schönste Blüte „Die Entführung aus dem Serail" gewesen war, rasch verflogen. Im Hoftheater herrschte die italienische Oper. Das Bedürfnis nach einem deutschen, wienerischen Volksdrama, bei dem es etwas zu schauen, zu hören und zu lachen gäbe, war aber mächtig, und Kaiser Joseph förderte es nach Kräften.

Im Februar 1781 hatte Karl Marinelli ein Privilegium für ein Theater bekommen und am 20. Oktober das neu erbaute Theater in der Leopoldstadt eröffnet – die erste ständige Wiener Vorstadtbühne, auf der Hanswurst als Kasperl auferstand; man gab dort Possen mit dem vom bejubelten Schauspieler Laroche dargestellten Kasperl als Hauptperson, Zauberstücke, Lustspiele und ernste Dramen, seit 1786 auch deutsche Singspiele in großer Zahl, deren Texte von den geschickten Hausdichtern Joachim Perinet und Karl Friedrich Hensler verfaßt und die von Kapellmeister Wenzel Müller und Musikdirektor Ferdinand Kauer komponiert wurden. Das Theater blühte auf, das Repertoire hob sich mehr und mehr.

Auf der Wieden baute der aus Fulda stammende Prinzipal Christian Roßbach auf Grund einer im März 1787 erhaltenen Erlaubnis im „großen Hof" des fürstlich Starhembergischen „Freihauses" ein Theater, eröffnete es am 14. Oktober mit „einem großen neuen Lustspiele", hatte aber trotz Unterstützung durch die Behörden kein Glück und mußte schon nach fünf Monaten sein Unternehmen aufgeben. Die Direktion übernahmen Johann Friedel und seine Gefährtin Eleonore Schikaneder, die mit ihrer Gesellschaft aus Laibach nach Wien gekommen waren; sie ließen das

Theater umbauen und vergrößern, es wurde am 24. März 1788 unter der neuen Leitung eröffnet. Friedel gab meist Sprechstücke: „Kabale und Liebe", „Emilia Galotti", auch Schikaneders 1787 gedruckten „Grandprofoß" — er hätte das Theater vielleicht gehalten und gehoben, doch war er seit Jahren lungenkrank; nach einjähriger Direktion ist er am 31. März 1789 im Freihaus an der Schwindsucht gestorben.

Eleonore war im Testament ihres Freundes als Universalerbin genannt — sie wurde dadurch Besitzerin des Wiener Theaters, hatte jedoch nicht Aussicht, als Frau die Erlaubnis, es zu leiten, zu bekommen, war ohne Vermögen und mußte mit Marinelli als einem gefährlichen Konkurrenten rechnen. In ihrer Bedrängnis wandte sie sich nach Regensburg an ihren Mann und schlug ihm vor, sich mit ihr auszusöhnen, nach Wien zu kommen und das Theater zu übernehmen. Emanuel, der sein Privileg von 1786 in der Tasche hatte und dem der Regensburger Boden unter den Füßen zu brennen anfing, erblickte darin einen Ausweg aus großer Not — er hatte schon an Marinelli wegen eines Engagements als Schauspieler am Leopoldstädter Theater schreiben wollen — und richtete am 17. Mai 1789 ein Schreiben an den Erbprinzen Karl Alexander und am 18. Mai einen Brief an den Minister Freiherrn von Lilien, worin er ausführlich erklärte, der Widerwille, den er sich durch die Entlassung der beiden Actricen Seve und Engst — deren „Mißhelligkeit ihn zwang, Ruhe durch ihre Entfernung herzustellen" — bei den Gesandten zugezogen, habe ihn zu dem Entschluß gebracht, sich vom Theater zu trennen; „er habe einen der Tauglichsten von der Gesellschaft" als Regisseur aufgestellt und hoffe, daß man die ihm erwiesenen Gnaden auf die Gesellschaft übertragen werde. Er habe nicht vor, Regensburg zu verlassen, sondern „bin gesonnen, von dem Erbteil, welches Herr Friedel mir für meine vormalige große Garderobe und Bibliothek hinterlassen, einstweilen zu leben. Von meiner Frau habe ich auch einige

Unterstützung zu hoffen, und meine Komposition, welche mir bisher schon manchen Vorteil verschafft, soll mir auch künftig zur Aushilfe dienen." Daß dies alles Geflunker war, wollen wir dem wackren Mann nicht übelnehmen. Er blieb auch nicht bei diesem „Entschluß", sondern benützte die erste Gelegenheit, Regensburg mit einem Teil seiner Gesellschaft zu verlassen — der Rest blieb unter der Führung des Schauspielers Rechenmacher dort zurück — und nach Wien zu reisen. Die Versöhnung der Gatten war nicht schwer und schon aus geschäftlichen Gründen erwünscht — sie hatten einst so mutig miteinander gearbeitet und jetzt mußte der Kampf ums Dasein gemeinsam wiederaufgenommen werden. Emanuel hatte das Glück, als Geldgeber den Offizier Joseph von Bauernfeld zu gewinnen — einen Freimaurer und Mitglied der Loge „Zur neugekrönten Hoffnung", der auch Mozart angehörte. Der weitverzweigte Bund der Freimaurer, dem viele hohe Beamte, reiche Kaufleute, Gelehrte, Künstler angehörten, hat Emanuel gewiß die Vorarbeiten für die Übernahme des Freihaustheaters erleichtert. Schikaneder war nun „Direkteur" in Wien, und sein Theater wurde nach fast dreimonatiger Pause von ihm am 12. Juli 1789 eröffnet.

DAS FREIHAUSTHEATER

Im Freihaustheater, einem zweistöckigen Gebäude, das, aus Steinen erbaut und mit Ziegeln gedeckt, über dreißig Meter lang und fünfzehn Meter breit war, eine zwölf Meter tiefe Bühne, ein erstes und zweites Parterre, zwei Reihen Logen und zu Mozarts Zeit zwei Galerien hatte (später kam eine dritte Galerie dazu), begann Schikaneder den Konkurrenzkampf gegen Marinelli und führte ihn mit viel Erfolg. Er mußte Marinelli mit dessen eigenen Mitteln schlagen, und wir dürfen nicht ihm zum Vorwurf machen, daß diese Mittel mitunter plump waren. Es mußten Zug- und Ausstattungsstücke gespielt werden, die auf die Lachlust, Rührseligkeit und vor allem die Schaulust des durch Feuerwerke, Tierhetzen und andere „Spektakel" verwöhnten Publikums Rücksicht nahmen. Entwicklung und Spielplan des Freihaustheaters sind nur auf Grund dieses Kampfes mit der Leopoldstadt zu verstehen. Dieser Kampf erfolgte schrittweise, Zug um Zug; man suchte den Inhalt neuer, auf der feindlichen Bühne vorbereiteter Stücke auszukundschaften; deshalb ließ Schikaneder jedes Mitglied seiner Bühne einen Eid auf seine „Vorschriften" leisten, die auf solchen Verrat die Strafe sofortiger Entlassung setzten. Hatte aber das Konkurrenztheater doch einmal mit einem Stück einen wirklichen Schlager geschaffen, dann schrieb man für die eigene Bühne ein Stück, in dem man gerade das, was drüben die Wirkung erzielt hatte, aufgriff und übertrieb. Dadurch erklärt sich die innere Verwandtschaft gerade der eigentlichen Zugstücke beider Theater. Die in den neunziger Jahren aufgeführten Stücke des Leopoldstädter und des Freihaustheaters bilden zusammen eine Entwicklungsreihe in der Geschichte der Wiener Volksdramatik, sie greifen ineinander wie die Glieder einer Kette. Sie wurden eben für ein und dasselbe Publikum geschrieben, dessen Geschmack maßgebend sein mußte. Daher beruht die Handlung dieser Stücke im Grund immer wieder auf der gleichen Schablone, das Neue bestand in Äußerlichkeiten wie Verlegung des Schauplatzes und szenischen Effekten — das Oftbewährte zog am sichersten.

Ein Beweis für seine fast genial zu nennende Anpassungskraft ist die Tatsache, daß Schikaneder, obwohl von auswärts kommend, in kurzer Zeit sich das Wienertum aneignete, als wäre er ein echter geborener Wiener gewesen. Er wurde im Theater und auch im Leben der Vertreter wienerischer Heiterkeit und Lebensfreude, ein echter Wiener

Komiker und als Dichter der Bahnbrecher und Wegweiser für die Entwicklung der Zauberoper und des Wiener Volksstücks. Zur Eröffnungsvorstellung hatte Schikaneder eine neue komische Oper verfaßt: „Der dumme Anton im Gebirge oder Die zween Anton", in Musik gesetzt von Benedikt Schack und Franz Xaver Gerl, zweien seiner besten Sänger, die er aus Regensburg mitgebracht hatte. Den „Anton" sang Emanuel selbst, er setzte diese Figur dem „Kasperl" Marinellis entgegen. Das Stück hatte großen Erfolg und bekam noch sechs Fortsetzungen; es wurde 1789 über dreißigmal aufgeführt, viele gingen vom „Kasperl" zum „Anton" über, und unter denen, die über Schikaneders Späße als Anton herzlich lachten, war auch Mozart, der an dem Theater des Freundes Freude hatte und auf dessen Unternehmungslust manche Hoffnung setzte. Schon am 26. September folgte des „Dummen Anton" zweiter Teil: „Die verdeckten Sachen"; Schikaneder gab überdies die von ihm verfaßte Oper „Jakob und Nannerl oder Der angenehme Traum" und seine alten Stücke „Philippine Welserin", „Hans Dollinger", „Die Raubvögel", „Die Lyranten". Er war voll Feuereifer und Arbeitslust.

„Das Freihaus" war eine Welt für sich. Das aus einem Landgut der Familie Starhemberg entstandene ungeheure Gebilde zusammenhängender Häuser hatte sechs Höfe, zweiunddreißig Stiegen und zweihundertfünfundzwanzig Wohnungen, eine eingebaute eigene Kirche zur heiligen Rosalia, eine Apotheke, ein eigenes Gasthaus, Werkstätten fast aller Handwerker, eine der Familie Marsano gehörende Ölpresse und eine Mühle, deren Rad der vom Wienfluß abgeleitete „Mühlbach" drehte. Im größten Hof war ein Ziergarten mit bunten Beeten, Baumalleen, einem traulichen Lusthaus und einem schönen Brunnen in der Mitte. Die eine Seite dieses Hofes nahm das tausend Zuschauer fassende Theater ein. Der Direktor wohnte im Freihaus, ebenso die meisten seiner Künstler. Er hatte außer den

Ehepaaren Schack und Gerl noch eine Reihe tüchtiger Mitglieder seiner Gesellschaft mit nach Wien genommen, einige sehr verwendbare Leute übernahm er aus Friedels Truppe: so den Charakterdarsteller Johann Joseph Nouseul und Mozarts älteste Schwägerin Josepha Hofer, eine glänzende Koloratursängerin, die seit 1788 mit dem Geiger im Theaterorchester Franz de Paula Hofer verheiratet war. Er ergänzte das Ensemble durch Neuanstellungen, er engagierte Jakob Haibel, den Mann von Mozarts jüngster Schwägerin Sophie, als Musiker und Sänger, und Mozarts Schülerin Anna Gottlieb als erste dramatische Sängerin. Anna war damals fünfzehn Jahre alt, ihr Talent war durch ihren Lehrer zur Meisterschaft ausgebildet worden, vor drei Jahren hatte er für sie die Rolle der Barbarina im „Figaro" geschaffen — jetzt konnte man ihr die schwierigsten Partien anvertrauen, ihre jugendliche Anmut und ihre seit der Kindheit erworbene Vertrautheit mit der Bühne machten sie auch zu einer guten Darstellerin in Sprechstücken, besonders in Lustspielen. Sie wohnte bei ihren Eltern in der Kärntnerstraße, mußte sich aber wie die im Freihaus wohnhaften Schikaneder-Leute den „Hausgesetzen" des Chefs fügen. Diese „Vorschriften und Gesetze, nach welchen sich die Mitglieder des k. k. privilegierten Theaters auf der Wieden zu richten haben", von Schikaneder verfaßt und vom Gothaischen Theaterkalender als Musterbeispiel veröffentlicht, zeigen deutlich das familiäre Verhältnis der von Emanuel geleiteten Gemeinschaft. Der erfahrene Prinzipal kannte seine Leute und wußte, daß er ihnen zu ihrem Besten nicht zu viel Freiheit lassen durfte. Er suchte sie zur Anhänglichkeit an die Person des Direktors zu erziehen, doch gingen ihm Pflicht und Disziplin über alles. „Da die Sittlichkeit, gute Ordnung und die ungezwungene Art von Höflichkeit der Herren Schauspieler und Schauspielerinnen gegen einander die Seele einer guten Gesellschaft ausmachet, so habe ich mir's zur Pflicht gemachet, folgende Regeln bey meiner Gesellschaft einzuführen; ich hoffe, daß jedes Mitglied derselben sie um so williger befolgen wird, je einleuchtender der Nutzen auf das Ganze und nicht minder insonderheit auf jedes Glied ist" – so heißt es am Anfang, und zum Schluß heißt es: „Der Gesetzgeber, Herr Emanuel Schikaneder, Direkteur dieses Theaters, schließet sich selbst von keinem dieser angesagten Punkten aus." Die „Gesetze" sind sehr genau: Jeder „Herr Akteur hat beym Eintritt in die Garderobe den Hut abzunehmen und sich sowohl gegen den Herrn Direkteur als gegen das Frauenzimmer mit Anstand zu betragen", keiner darf eine Rolle zurückweisen, Ausreden wie „Mangel des Friseurs, Repetition der Rolle, Aufenthalt auf dem Lande im Sommer" oder gar „eine erdichtete Krankheit" gelten nicht, Unpünktlichkeit wird streng bestraft, ebenso „Streit, Zank oder empfindlicher Wortwechsel" bei Proben und Aufführungen, „unschickliches Gelächter oder lautes Plaudern" im Zuschauerraum sowie „das Einpudern und Schuheputzen" in der Garderobe. Niemandem war erlaubt, „ohne Erlaubnis des Herrn Direkteurs über Nacht auszubleiben", „kein Mitglied hat an öffentlichen Orten weder über den Herrn Direkteur noch über ein Glied der Gesellschaft nachteilig zu reden, auch weder den Namen, inneren Wert, noch eine Handlung eines neuen Stückes auszuplaudern, welches jederzeit zum Schaden des Herrn Direkteurs seyn muß. Im Falle dieses Vergehens ist er seines Engagements verlustig... Die Herren Musici haben den Anfang auf ihren Plätzen im Orchester zu erwarten und sich nicht erst zusammenrufen zu lassen, allda sich ruhig zu verhalten und weder die spielenden Personen noch die Zuschauer durch unschickliches Gelächter oder unnützes Plaudern zu stören; wer dawider handelt, zahlt 20 Kreuzer als Strafe." Die Strafgelder wurden gesammelt und zur Unterstützung „reisender Schauspieler, die wenigstens von einem Mitglied als würdige Menschen, die der Bühne keine Schande machen, anempfohlen werden", verwendet.

Das Personal, das sich nach diesen „Vorschriften“ richten mußte, bestand mit wenigen Ausnahmen aus lauter erstklassigen Talenten — jeder und jede eine künstlerische Persönlichkeit und eine Koryphäe in dem betreffenden Fach. Mit solchen Leuten, die zugleich ausgezeichnete Sänger und Schauspieler waren und die Kunst nicht handwerksmäßig betrieben, sondern ihr mit Begeisterung und mit Geist dienten, konnte man Neues wagen; etwas, womit man das Leopoldstädter Theater überflügeln und der geliebten deutschen Kunst einen großen Dienst erweisen würde: anstatt der üblichen „Singspiele“, die ja doch nur leichte Ware waren, eine ernste große deutsche Oper aufführen!

Die Freunde hatten ihren alten Salzburger Plan wieder erneuert — denn jetzt konnte er endlich verwirklicht werden; Mozart, den das Schicksal gezwungen hatte, italienische Opern zu schreiben, damit sie aufgeführt würden, hatte nun, da der Freund ein eigenes Theater besaß, die Möglichkeit der Aufführung für die deutsche Oper, die seinem Geist vorschwebte. In häufigen Zusammenkünften mögen die beiden die Art, wie die ersonnene Idee am besten zum Kunstwerk gestaltet werde, besprochen haben. Schikaneders Orchester (nach Joseph von Sonnleithner fünfunddreißig Mann, davon fünf erste, vier zweite Geiger, vier Bratschen und je drei Violoncelli und Kontrabässe), dessen Mitglieder fast alle Virtuosen auf ihrem Instrument waren, und dem jungen Kapellmeister Henneberg konnte die schwerste Aufgabe zugemutet werden. In Mozarts Geist entstand das Werk, das die Krönung seines dramatischen Schaffens werden sollte.

„DIE ZAUBERFLÖTE“

Dieses Kunstwerk, das in jeder Hinsicht als etwas ganz Außergewöhnliches gedacht und gefühlt war, konnte nur möglich werden, wenn außer hervorragenden Gesangskräften ein reich besetztes, aus lauter leistungsfähigen Mitgliedern bestehendes, eine geistige Einheit bildendes Orchester zur Verfügung stand. Wir können und müssen überzeugt sein, daß das Freihaustheater dieses Orchester besaß; abgesehen davon, daß sich Mozart dafür interessierte, hat gewiß Schikaneder selbst den Willen gehabt, sich einen solchen Klangkörper zu sichern, und er wird wohl sogar die Anstellung der einzelnen Musiker von Mozarts Urteil abhängig gemacht haben. Mir ist bekannt, daß nach dem 1796 gedruckten „Jahrbuch der Tonkunst von Wien und Prag“ das Freihaustheater die schwächste Besetzung der Streichinstrumente gehabt hätte; nach der dortigen Zusammenstellung lagen die Dinge so:

	Nationaltheater	*Kärntnertor*	*Leopoldstadt*	*Freihaus*
1. Geigen	6	6	4	3
2. Geigen	6	6	3	3
Violen	4	4	2	2
Violoncelli	3	3	1	1
Kontrabässe	4	3	2	2
Flöten	2	2	2	2
Oboen	2	2	2	2
Klarinetten	2	2	2	2
Fagotte	2	2	2	2
Hörner	2	2	2	2
Trompeten	2	2	2	2
Paukenschläger	1	1	1	1

Nach dieser Liste gab es in Schikaneders Orchester keine Posaunen. Es steht fest, daß im Freihaus Werke mit vier Hörnern, fünf Pauken und vier Trompeten gespielt wurden. Der durchaus sorgfältige und verläßliche Sonnleithner, der in seinen handschriftlichen Aufzeichnungen (im Archiv der Gesellschaft der Musikfreunde) die Orchesterbesetzung angibt, nennt gerade für 1796 eine Vermehrung auf siebenunddreißig Mann statt der fünfunddreißig zu Mozarts Zeit. Ihm ist unbedingt Glauben zu schenken.

Es ist nicht alles unumstößlich wahr, was damals gedruckt wurde — Konkurrenzneid, persönliche Gehässigkeit und Freude an Herabsetzung wagten viel und waren, wenn man sie widerlegte, nicht um eine Ausrede verlegen. Schikaneder war als ein „neuer Mann" gar vielen von vornherein unangenehm gewesen; seine mitunter fast an Größenwahn reichende Prahlsucht und verschwenderische Lebensweise, noch mehr seine geschäftlichen Erfolge und am meisten wohl seine tatsächlichen Leistungen und Verdienste machten ihm Feinde; als „Dichter" war er leicht zu tadeln und zu verspotten, indem man seine Arbeiten als literarische Versuche beurteilte — so verkleinerte man nach Herzenslust alles, was sich auf ihn bezog. In Wien hatte damals jeder ehrlich aufwärts Strebende seine Neider und Gegner. Was für Lügen hat die Niedertracht der Feinde über Mozart ersonnen und verbreitet! In diesen unsauberen Klatschereien, die sogar vor öffentlichen unwahren Behauptungen nicht zurückschreckten, steckt die Wurzel zu der systematischen Herabsetzung Schikaneders, die noch heute von völlig unwissenden Abschreibern eifrig betrieben wird. Längst hat die Wissenschaft die Unwahrheit des Unsinns erwiesen, der als „Entstehungsgeschichte der Zauberflöte" verkündet wurde — dennoch wird in „populären" Büchern unermüdlich Schikaneder und mit ihm Mozart in ganz flegelhafter Weise beschimpft und entwürdigt. Ich greife ein beliebiges Beispiel heraus: Das aus „Vorträgen für Arbeiter" entstandene Buch „Haydn, Mozart, Beethoven" von Carl Krebs behauptet mit Berufung auf den berühmten Mozartbiographen Jahn folgendes: „Emanuel Schikaneder, ein schlechter Schauspieler, der nach Abenteuern unterschiedlicher Art 1787 die Direktion des Theaters ‚an der Wieden' übernommen hatte, war der Auftraggeber. Er war dem sinnlichen Genuß sehr ergeben, ein Schwelger und Mädchenfreund, je nach Umständen ein Parasit und ein leichtsinniger Verschwender und nicht selten trotz großer Einnahmen von seinen Gläubigern hart bedrängt." Weiter heißt es, „der bedrängte Theaterdirektor", den „eine jähe Ebbe finanziell aufs trockene gesetzt hatte", verlangte von Mozart, er solle ihm eine „Zauberoper komponieren, deren Stoff der geriebene Impresario selbst kunstlos zusammenstellte"; er „war dreist genug, Mozart auf die Bedürfnisse der Menge immer wieder hinzuweisen und Änderungen einzelner Nummern zu verlangen, damit sie nur ja leicht faßbar würden! Man denkt an Pegasus im Joch: auf der einen Seite der zum Äther emporstrebende Genius, auf der andern der triviale Theaterhandwerker, der mit Kaufmannsschlauheit den beflügelten Geist auf die Erde niederzuziehen trachtet, damit auch der Pöbel das seltsame Wesen betasten könne!" Mit solcher Roheit „betastet" Dr. Carl Krebs, Professor an der Akademie der Künste in Berlin, das „seltsame Wesen", das seine Erniedrigung nicht aus Schikaneder, sondern aus Mozart gemacht hat. Das ist ein Beispiel für hundert.

Der Gewährsmann für alle späteren Abschreiber ist Otto Jahn, der in seiner mit Recht berühmt gewordenen Mozartbiographie den ersten Versuch machte, die Entstehung der „Zauberflöte" zu erklären. Er erzählte (1859): Der Direktor Emanuel Schikaneder vergnügte „in seinem in der Vorstadt Wieden stehenden Theater, das nicht viel besser als eine Holzbude war, das Publikum durch drastische Zugmittel aller Art". Als zügelloser Verschwender dem Bankrott nahe, kam er am 7. März 1791 zu Mozart und flehte diesen an, ihm durch Komposition einer Oper von großer Anziehungskraft geschäftlich aufzuhelfen. Mozart zögerte erst, bejahte endlich „aus natürlicher Gutmütigkeit", und in gemeinsamer Arbeit wurde die Oper bis Juli im großen fertiggestellt. Bewogen durch den großen Erfolg von Wranitzkys Oper „Oberon" im Sommer 1791 nahm Schikaneder als Stoff das Märchen „Lulu oder Die Zauberflöte" in Wielands Märchensammlung „Dschinnistan"; aber als er erfuhr, daß man im Leopoldstädter Theater „eine Dramatisierung desselben Märchens vorbereite" („Kaspar der Fagottist oder Die Zauberzither" von Perinet, aufgeführt am 8. Juni 1791), wagte er die Aufführung „eines Werkes von ähnlichem Inhalt nicht und, um von den Vorbereitungen, die bereits gemacht waren, soviel wie möglich zu retten, beschloß er, die Pointe umzukehren und aus dem bösen Zauberer einen edlen Weisen zu machen, der Tamino für sich gewinnt, ihn zu höherer Weisheit und Tugend leitet und durch die Hand der Pamina belohnt. Diese neue Wendung wurde nun aber auch zugleich im Interesse der Freimaurerei benützt ... Ob Schikaneder selbst diesen Gedanken faßte, ob vielleicht vom Orden aus ein bestimmter Einfluß sich geltend machte, ist nicht zu ermitteln. Die Ausführung des Planes *soll* hauptsächlich von Johann Georg Karl Ludwig Gieseke herrühren, der aus Braunschweig gebürtig, als relegierter Student nach Wien gekommen war und als Schauspieler und Chorist auf dem Schikanederschen Theater sein Leben fristete. Er war nicht ohne Talent und Bildung, hatte damals schon den Text zu Wranitzkys ‚Oberon' gemacht und bereicherte auch später das Repertoire Schikaneders mit einer Reihe teils übersetzter, teils eigener Stücke. Schikaneder, der auch sonst bei seinen Stücken sich fremder Hilfe gern bediente (Pater Cantes, Kooperator bei den Paulanern auf der Wieden, *soll* aus Liebhaberei zu Schikaneders Opern die Gesänge verfertigt haben), benützte Giesekes Arbeit als Grundlage, änderte darin nach Belieben, setzte namentlich die Figuren Papagenos und Papagenas hinein und nahm schließlich die Autorschaft für sich in

Anspruch ... Cornet erzählte, daß Gieseke der Hauptverfasser sei und aus Furcht, wegen seiner Freimaurerei Unannehmlichkeiten zu erfahren, Wien verlassen habe."

Diese sogenannte Entstehungsgeschichte ist unwahr und läßt sich Punkt für Punkt widerlegen. Das Theater im Freihaus war keine Holzbude — es wurde am 3. August 1791 durch hohen Besuch ausgezeichnet: Kaiser Leopold II., Erzherzog-Thronfolger Franz und Erzherzog-Palatin Alexander Leopold mit dem ganzen Hofstaat wohnten der Vorstellung des Schauspiels „Herzog Ludwig von Steyermark oder Sarmäts Feuerbär" von Schikaneder bei, und das wäre gewiß nicht geschehen, wenn das Theater eine Holzbude mit „drastischen Zugmitteln" gewesen wäre. Daß Mozart die ersten zwei Aufführungen der „Zauberflöte" selbst dirigiert hat, war wohl kaum ein drastisches Zugmittel für den Pöbel und wäre wahrscheinlich unterblieben, wenn Mozart widerwillig komponiert hätte. Schikaneder war im März 1791 nicht vor dem Bankrott, sondern erfreute sich des besten Wohlstandes und sein Theater ging glänzend; am 10. März dirigierte Dittersdorf dort seine Oper „Der Gutsherr", und es ist wenig wahrscheinlich, daß Schikaneder drei Tage vorher verzweifelt zu Mozart kam. „Die Zauberflöte" ist nicht geändert worden, weil Schikaneder erfuhr, das Leopoldstädter Theater bereite eine „Dramatisierung desselben Märchens" vor, und nicht wagte, ein Werk von ähnlichem Inhalt aufzuführen — denn im Grund hatten alle derartigen Stücke den gleichen Inhalt: Ein idealer Held muß, um seine Geliebte zu befreien, Abenteuer bestehen und hat dabei einen komischen Bedienten oder Begleiter, der im Verlauf der Ereignisse eine zu ihm passende Gefährtin findet. Die elende Posse „Kaspar der Fagottist", in der das Fagott zu den anrüchigsten Späßen benützt wird, kann nur der mit der „Zauberflöte" in einem Atem nennen, der vom Wiener Volkstheater keine Ahnung hat und „Kaspar den Fagottisten" weder kennt noch die Möglichkeit hat, ihn kennenzulernen. Dazu kommt die Tatsache, daß Mozart am 11. Juni 1791 im Leopoldstädter Theater war und diese „Oper" sah und hörte. Er schrieb am 12. an Constanze nach Baden: „Ich ging dann, um mich aufzuheitern, in die neue Oper ‚Der Fagottist', die so viel Lärm macht, aber gar nichts daran ist." Er war damals mitten in der Arbeit an der „Zauberflöte" und hätte gewiß mehr geschrieben, wenn seine Arbeit durch den „Fagottisten" beeinflußt worden wäre. Die Handlung entwickelt sich nicht anders, weil Schikaneder beschloß, die Pointe umzukehren und aus dem bösen Zauberer einen edlen Weisen zu machen, sondern weil Tamino erkennt, daß er von der Königin belogen wurde, denn die Königin und nicht etwa Schikaneder oder Mozart haben vorher Sarastro einen „Bösewicht" genannt. Für die weihevolle Ausgestaltung der Handlung waren nicht äußere, sondern innere Gründe maßgebend, und sie wurde nicht von Schikaneder allein, sondern zusammen mit Mozart oder auf dessen Wunsch durchgeführt. Als die Freunde aus dem ägyptischen Prinzen Thamos ihren Prinzen Tamino machten, hatten sie dazu keinen Gieseke nötig, der weder „Chorist" noch „aus Braunschweig gebürtig" war, noch „als relegierter Student nach Wien kam", sondern ein Schneiderssohn aus Augsburg namens Metzler war und Schauspieler wurde; nachdem er von mehreren Gesellschaften „heimlich entwichen" war, gab er 1784 bis 1786 in Regensburg ein Theaterjournal heraus und wurde schließlich in Wien von Schikaneder engagiert. Die von ihm verfaßten Stücke sind, soweit sie nicht Plagiate sind, von kindischer Unbeholfenheit. Woher er die Behauptung: „Schikaneder, der auch sonst bei seinen Stücken sich fremder Hilfe gern bediente", übernahm, hat Jahn verschwiegen; ebenso verschweigt er die Herkunft der Behauptung: „Pater Cantes, Kooperator bei den Paulanern auf der Wieden, *soll* aus Liebhaberei zu Schikaneders Opern die Gesänge verfertigt haben." Cantes war nie „Pater" und nie „Kooperator bei den Paulanern", sondern die bisherige Klosterkirche der Paulaner wurde 1783 auf Grund der neuen Pfarreinteilung durch Kaiser Joseph zur Pfarrkirche „Zu den heiligen Schutzengeln" erhoben, und ihr erster Pfarrer war Franz Cantes, der bis dahin Benefiziat im Zucht- und Arbeitshaus gewesen war. Jahn kannte weder Wielands „Dschinnistan" noch „Kaspar den Fagottisten" noch irgend etwas anderes, wovon er in seinem Kapitel spricht; von Schikaneders Person und Tätigkeit hatte er keine Ahnung — sonst hätte er wohl gewußt, daß dieser nicht nötig hatte, sich von einem Geistlichen die „Gesänge" zu seinen Opern „verfertigen" zu lassen. Diese Lüge hätte ein gewissenhafter Forscher nicht ohne Prüfung glauben sollen. Ebenso ist es eine Lüge, daß Schikaneder Giesekes Arbeit als Grundlage benützt, darin nach Belieben geändert und „namentlich die Figuren Papagenos und Papagenas hineingesetzt" habe. Wenn man diese zwei „Figuren" in den fertigen Text „namentlich hineinsetzen konnte", dann ist Mozart nicht Mozart gewesen, als er „Die Zauberflöte" komponierte, denn die beiden sind keine hineingesetzten Figuren, sondern von Anfang für die Handlung unentbehrliche Gegensätze zu den Edelmenschen. Jahn wußte, daß Mozart an dem Werden aller seiner Operntexte tätigen Anteil nahm — warum machte er gerade bei der „Zauberflöte" eine Ausnahme? Glaubte Jahn wirklich, daß ein Textdichter Mozart ein aus einer fremden Arbeit bestehendes Machwerk vorlegen konnte und daß Mozart so etwas willig komponierte, ohne neugierig zu werden — auch dann, als plötzlich ohne sein Dazutun „die Pointe umgekehrt" worden war? Diese „Entstehungsgeschichte" ist Mozarts nicht würdig, und sie ist auch Jahns nicht würdig, der den Fehler beging, die ihm als klassischem Philologen geläufige Methode auf ein Gebiet zu übertragen, in das sie nicht paßte, und der — ein geborener Kieler und später Universitätsprofessor in Greifswald, Leipzig und Bonn — nicht umhin konnte, alles, was mit Wien zusammenhing, mit der Überlegenheit des „Norddeutschen" geringzuschätzen; so mußte er, weil die „Zauberflöte" ein österreichisches Kunstwerk war, an seiner vorgefaßten Meinung festhalten, diese Oper sei zu einem äußeren, plumpen Zweck durch äußere, plumpe Mittel entstanden; er hielt Schikaneder für einen elenden Schmierendirektor und dessen Theater für eine „Holzbude" — also mußte er unter diesen niedrigen Umständen Mozart erniedrigen. Doch hätte er bedenken sollen, daß „Die Zauberflöte", wenn sie von Schikaneder als ein zur Erheiterung des Pöbels bestimmtes Spektakelstück geplant war, ihren Zweck mit der Musik jedes beliebigen andern Komponisten besser erfüllt hätte. Jahn hätte nicht übersehen dürfen, daß an ihr Schikaneder und Mozart gemeinsam beteiligt waren und daß Mozarts Anteil an der Entstehung viel größer war, als Oberflächlichkeit und Unkenntnis ahnen mochten.

Obwohl die langsam einsetzende theatergeschichtliche Forschung Aufklärungen brachte, die ihn zu einer Überprüfung und Richtigstellung seines Kapitels über „Die Zauberflöte" bewegen konnten, blieb Jahn auch in der zweiten und dritten Auflage seines Buchs hartnäckig auf seinem Standpunkt, und da sein im übrigen mit Recht als das einzige wissenschaftliche und ernstzunehmende biographische Werk geschätztes Buch von allen, die sich später mit der „Zauberflöte" befaßten, benützt wurde, konnte es geschehen, daß seine Auffassung und Darstellung allgemein verbreitet wurden. Und dadurch wurde es möglich, daß bis in die Gegenwart über Mozarts edelstes und innigstes Musikdrama die unsinnigsten, Mozart herabsetzenden Lügen wiederholt werden — eine dauernde Irreführung der Öffentlichkeit und, im Grund genommen, eine grobe Beleidigung Mozarts. Jahns „Mozart" ist in der Bearbeitung durch Hermann Deiters und besonders durch Hermann Abert das geworden, was er hätte sein können, wenn sein Verfasser nicht nur fleißig, sondern auch in seinen Behauptungen vorsichtig gewesen wäre. Um so beschämender ist die Tatsache, daß noch jetzt unwissende Abschreiber und Dilettanten darin wetteifern, die erbärmliche Herabsetzung Wiens und Mozarts aufzuwärmen. Das geschieht in Zeitungen und Zeitschriften, aber auch im Rundfunk und sogar im Theater. Die Wiener Staatsoper kündigte vor einem Jahrzehnt plötzlich „Die Zauberflöte“ als „Oper von Gieseke und Schikaneder“ an — was Jahn 1859 glaubte, aber heute selbst nicht mehr glauben würde! Unverzeihlich war die Schmach des sogenannten „Mozart-Films“, und das schändlichste Stück dreister Unwissenheit, die nicht weiß, daß die Beschimpfung Schikaneders zugleich eine Beschimpfung Mozarts ist, war die unglaubliche Behauptung der „Salzburger Festspiele“, Schikaneder sei „kein Sänger gewesen“ und bei der Aufführung der „Zauberflöte“ müsse Papageno seine Arien sprechen! So geschah es wirklich — Unbildung und Unfähigkeit schmähten Schikaneder und zerrten damit Mozart zu sich herunter.

Daß die Arbeit an der „Zauberflöte“ nicht erst im März 1791 begonnen wurde, sondern daß die Freunde schon viel früher an der Verwirklichung des lang gehegten und nie vergessenen Planes arbeiteten, beweist ein Brief Emanuels mit dem folgenden Wortlaut:

> „Lieber Wolffgang! Derweilen schicke ich Dir Dein Pa Pa Pa zurückh, das mir ziemlich recht ist. Es wirds schon thun. Abends sehn wir uns bei den bewußten — Krippen.
>
> 5/IX. 790. *Dein Schikaneder.*“

Aus diesem Brief geht hervor, daß Mozart sich schon 1790 mit der werdenden „Zauberflöte“ befaßte; den Anstoß hierzu gab die Oper „Oberon“, die nicht, wie Jahn meinte, erst 1791, sondern zwei Jahre zuvor entstanden ist und gespielt wurde. Ich habe erwähnt, daß Schikaneder mit seinem aus lauter Talenten bestehenden Ensemble und seinem tüchtigen Orchester nicht nur einfache Singspiele aufführen, sondern sich an große deutsche Opern wagen konnte — das war ein wichtiger Schritt im Konkurrenzkampf gegen Marinelli und zugleich ein Schritt auf dem Weg zur Erschaffung des geplanten gemeinsamen Kunstwerks.

Am 7. November 1789 war im Freihaustheater eine Erstaufführung: Schikaneder gab die Oper „Oberon, König der Elfen", eine „romantisch-komische Oper in drey Aufzügen, nach dem vortrefflichen Oberon des Herrn Wielands für diese Bühne bearbeitet von Karl Ludwig Gieseke, Mitglied dieser Gesellschaft. Die Musik ist ganz neu von einem hiesigen Tonkünstler verfertigt". Gieseke, den Schikaneder auch von Friedels Truppe übernommen hatte, ließ den Text auch unter seinem Namen drucken: „Oberon, König der Elfen. Eine romantisch-komische Oper in drey Aufzügen nach Wielands Oberon. Von Johann Georg Karl Gieseke. Die Musik ist von Herrn Paul Wranitzky, erstem Orchesterdirektor der k. k. Hoftheater". Es war ein großer Erfolg, der Aufführung folgten viele Wiederholungen, das tüchtige und kunstbegeisterte Ensemble bot eine einheitliche, vollendete Leistung, Chor und Orchester standen auf gleicher Höhe wie die hochbegabten Darsteller der Hauptrollen: der Tenor Schack als Prinz Hüon, der Bassist Gerl als Bassa von Tunis, Josepha Hofer als Oberon und besonders Anna Gottlieb als Prinzessin Amande. Mozart wohnte der Vorstellung bei, denn Anna war sein Liebling, und er empfand die reine Freude des Lehrers und Künstlers über ihre von Wahrheitsliebe und tiefem Gefühl geleitete Auffassung und Durchführung der Rolle — aber unauslöschlich war der Eindruck, den die Handlung auf ihn machte. Er kannte und besaß Wielands „Oberon" — er hat das Buch bei seinem Tod in seiner Bibliothek hinterlassen —, aber die packende dramatische Wirkung lernte er nicht aus Wielands lang ausgesponnenem Epos kennen, sondern aus der Aufführung des knapp zusammengezogenen Bühnenwerks. Und wie durch ein Wunder vollzog sich in seinem Geist die ausgestaltende Wandlung seines Opernplans: die als Stoff für die Oper bestimmte Handlung des Schauspiels „Thamos, König in Ägypten" von Gebler — der Oberpriester Sethos herrscht im Sonnentempel in Heliopolis; er behütet den Prinzen Thamos und dessen Geliebte, die Prinzessin Tharsis, in allen Gefahren und vermählt zuletzt die Liebenden im Sonnentempel, nachdem er die von der rachegierigen Priesterin Mirza und dem von Tharsis verschmähten Freier, dem tückischen Höfling Pheron, angestiftete Verschwörung vernichtet hat — diese heroische Handlung erfuhr nun plötzlich eine Wendung ins Märchenhafte, und aus dem jungen Liebespaar Hüon und Amande, die einander unbekümmert um die vielen Anwesenden in die Arme fliegen, wurden Prinz Tamino und seine Pamina, die sich bei der ersten Begegnung in Gegenwart Sarastros und dessen Gefolges umschlungen halten — zu Geblers Thamos-Tamino mit seinem ägyptischen Schauplatz trat als zweites Vorbild der „Oberon" und die davon ausgehende zauberhafte Färbung.

Gieseke, der Mann mit den vielen verschiedenen Vornamen, soll — nach einem unverbürgten Bericht — viel später, 1818, als Professor an der Universität Dublin, „im blauen Frack und weißen Halstuch, mit einem Orden geziert" — in einem Wiener Wirtshaus Fremden gegenüber, an deren Tisch er sich gesetzt hatte, sich als „der eigentliche Verfasser der Zauberflöte" gerühmt und gesagt haben, er habe sich zu Mozarts Zeit nicht als Verfasser genannt, weil er Freimaurer war und wegen der Freimaureroper bestraft worden wäre. Diese Behauptung ist lächerlich, denn Mozart und Schikaneder waren auch Freimaurer und wurden nicht bestraft, ja nach dieser Behauptung durfte der „eigentliche Verfasser" sich nicht nennen aus Furcht vor Strafe, Schikaneder aber gab sich für den Verfasser der nicht von ihm verfaßten Oper aus, ohne die Gefahr zu scheuen. Aus diesem Unsinn schloß Otto Jahn, Schikaneder habe einen von Gieseke verfaßten „neuen Entwurf" sich angeeignet und diesen für sein eigenes Werk ausgegeben.

Der durch nichts zu rechtfertigende Irrtum Jahns wird dem klar, der die Entstehung des Giesekeschen „Oberon"-

Textes kennt. „Der eigentliche Verfasser der Zauberflöte" hat nämlich mit diesem Text das scheußlichste Plagiat verübt, das es je gegeben hat; seine Oper „Oberon, König der Elfen" ist mit einer geradezu unverschämten Dreistigkeit wörtlich abgeschrieben worden von einem fremden Operntext: „Oberon, König der Elfen, ein romantisches Singspiel nach Wieland" von Sophie Friederike Seyler, im Herbst 1788 mit der Jahreszahl 1789 in Flensburg gedruckt erschienen. Die Verfasserin dieses Singspiels, die berühmte Schauspielerin „Madame Hensel", deren lebenswahres Spiel Lessing in der „Hamburgischen Dramaturgie" bewundert, hatte nach dem Zusammenbruch des Hamburger Theaters den Direktor Abel Seyler geheiratet, der mit ihr an verschiedenen Orten spielte und zuletzt, nachdem er und sie wegen einer unüberlegten Ohrfeige Mannheim hatten verlassen müssen, das Hoftheater in Schleswig übernahm. Dort schrieb sie ihr Singspiel „Oberon" und starb am 22. November 1789, zwei Wochen nach der Wiener Erstaufführung von „Giesekes" Oberon — und das war ein Glück für den schäbigen Plagiator, denn dem Temperament Sophie Friederikens ist es zuzutrauen, daß sie, hätte sie weiter gelebt, sogar die weite Reise von Schleswig nach Wien — das sie von zweimaligem Aufenthalt gut kannte — auf sich genommen und Herrn Gieseke die Ohrfeige, die er verdiente, gegeben hätte. Und das wäre ihm recht geschehen.

Wenn der altgewordene Gieseke jene Äußerung wirklich gemacht hat, dann kann sich die Behauptung, er sei „der eigentliche Verfasser der Zauberflöte", höchstens darauf bezogen haben, daß sein abgeschriebener „Oberon" die Entwicklung der Handlung der „Zauberflöte" beeinflußt hat. Dann wäre, da Schikaneder und Mozart erwiesenermaßen gemeinsam arbeiteten, auch Mozart ein Plagiator, denn er hat, wie bei allen seinen Opern, auch bei der „Zauberflöte" — und bei dieser sogar sehr — an der Gestaltung des Textes mitgewirkt. Und die Ausschmückung der Handlung des „Thamos" mit Einzelheiten aus dem „Oberon" und die

Verwandlung dieser Handlung in ein Märchen hat Schikaneder kaum auf eigene Faust ohne oder gegen Mozarts Absicht vorgenommen, vielmehr ist diese Änderung wohl auf Mozarts Wunsch erfolgt. Die Entstehung des „Zauberflöten"-Textes beruht auf einer wahrhaft geistvollen Auswahl und Zusammenfassung von Motiven aus drei Vorbildern: Die Grundlage blieb Geblers „König Thamos", dazu kam die Angleichung an die Handlung des „Oberon", und endlich wurden aus der ganzen dreibändigen Märchensammlung von Wielands „Dschinnistan", deren letzter Band 1789 erschienen war, alle brauchbaren Einzelheiten aus verschiedenen Märchen ausgesucht und vereinigt. Das Märchen „Lulu oder die Zauberflöte" (Dschinnistan III, 298) lieferte bloß den Titel – Taminos Flöte stammt nicht aus ihm allein, sondern entspricht dem Zauberhorn Hüons im „Oberon". Fast alle Märchen des Dschinnistan wurden benützt, aus ihnen nahm man die „nächtlich sternflammende Königin", die auf goldenem Thron sitzt, undurchdringlich verschleiert, umgeben von ihren fackeltragenden Damen (III, 105), dem lüsternen Mohren, der seine Gier zur Herrin erhebt und, zurückgewiesen, diese haßt (I, 85; II, 162), das Bildnis, das den Jüngling entzückt und zur Rettung begeistert (I, 118), die drei Knaben, die den Prinzen mahnen, standhaft, duldsam und verschwiegen zu sein (III, 35). Daß die entscheidende, lebensgefährliche Prüfung von Mann und Weib gemeinsam bestanden wird – dieser wichtige Zug stammt aus dem „Oberon", aus dem auch andere Züge in die „Zauberflöte" übergegangen sind, so der Streit zwischen dem Elfenkönig und seiner Gattin Titania, das Zusammentreffen des Ritters Hüon mit dem zum Naturmenschen gewordenen Knappen Scherasmin und das Zauberinstrument; – daß Hüon, weil man ihm an einem aufkommenden Sturm die Schuld gibt, aus dem Schiff ins Meer geworfen wird und die von ihm entführte Prinzessin ihm nachspringt, daß beide später gemeinsam auf dem Scheiterhaufen verbrannt werden sollen, weil sie lieber zusammen

Porträt Schikaneders aus dessen Wiener Zeit
Stich von Philipp Richter

K.K. priv. Wiedner Theater

Heute Freytag den 30ten September 1791.

Werden die Schauspieler in dem kaiserl. königl. privil. Theater auf der Wieden die Ehre haben aufzuführen

Zum Erstenmale:

Die

Zauberflöte.

Eine grosse Oper in 2 Akten, von Emanuel Schikaneder.

Personen.

Sarastro.	Hr. Gerl.
Tamino.	Hr. Schack.
Sprecher.	Hr. Winter.
Erster } Priester.	Hr. Schikaneder der ältere.
Zweiter } Priester.	Hr. Kistler.
Dritter } Priester.	Hr. Moll.
Königin der Nacht.	Mad. Hofer.
Pamina ihre Tochter.	Mlle. Gottlieb.
Erste } Dame.	Mlle. Klöpfer.
Zweite } Dame.	Mlle. Hofmann.
Dritte } Dame.	Mad. Schack.
Papageno.	Hr. Schikaneder der jüngere.
Ein altes Weib.	Mad. Gerl.
Monostatos ein Mohr.	Hr. Nouseul.
Erster } Sklav.	Hr. Giesecke.
Zweiter } Sklav.	Hr. Frasel.
Dritter } Sklav.	Hr. Starke.
Priester, Sklaven, Gefolge.	

Die Musik ist von Herrn Wolfgang Amade Mozart, Kapellmeister, und wirklicher k. k. Kammerkompositeur. Herr Mozard wird aus Hochachtung für ein gnädiges und verehrungswürdiges Publikum, und aus Freundschaft gegen den Verfasser des Stücks, das Orchester heute selbst dirigiren.

Die Bücher von der Oper, die mit zwei Kupferstichen versehen sind, wo Herr Schikaneder in der Rolle als Papageno nach wahrem Kostum gestochen ist, werden bei der Theater-Kassa vor 30 kr. verkauft.

Herr Gayl Theatermahler und Herr Nesslthaler als Dekorateur schmeicheln sich nach dem vorgeschriebenen Plan des Stücks, mit möglichstem Künstlerfleiss gearbeitet zu haben.

Die Eintrittspreise sind wie gewöhnlich.

Der Anfang ist um 7 Uhr.

Theaterzettel der Erstaufführung der „Zauberflöte“

sterben als einander untreu werden wollen — darin ist der Keim zur Feuer- und Wasserprobe in der „Zauberflöte“ enthalten.

Mozart mag durch den Eindruck, den Wranitzkys Oper bei der Aufführung auf ihn machte, zur Benützung der „Oberon“-Handlung bewogen worden sein; Schikaneder, der Wielands 1780 erschienenes Epos wahrscheinlich gekannt hat — Schikaneder, Wranitzky, Gieseke waren Freimaurer — wer war es damals nicht? —, und die Werke des Freimaurers Wieland waren in den Logenbibliotheken vorhanden —, richtete sich nicht nach diesem, sondern nach dem Text von Wranitzkys Oper, dem von Gieseke abgeschriebenen Text der Madame Seyler. Das alles konnte Herr Professor Jahn nicht verstehen; der Philologe mit Scheuklappen kann sich nur eine „Dramatisierung“ eines Märchens vorstellen, aber nicht, daß ein erfahrener Theaterpraktiker und ein genialer Tonkünstler beim Durchblättern auch andere Märchen entdecken. Die beiden machten noch eine Anleihe bei der am 9. September 1790 im Leopoldstädter Theater gegebenen Oper „Das Sonnenfest der Brahminen“ von Hensler und Wenzel Müller, einer dreisten Ausschreibung von Kotzebues Drama „Cora, die Sonnenjungfrau“, in der eine Entführung, Versammlungen einer geheimnisvollen Priesterschaft und der Tempel der Sonne vorkamen. Am 11. September führte Schikaneder eine nach dem „Dschinnistan“ verfaßte Oper „Der Stein der Weisen“ oder „Die Zauberinsel“ auf, mit Musik von verschiedenen Komponisten, darunter Mozart, und während der Spielplan des Wiener Theaters eine Fülle verschiedenartigster Stücke aufwies und mehr und mehr erweitert wurde, studierte man im Verlauf des Jahres 1791 die neue Oper ein, die Mozart zum großen Teil im Lusthäuschen des Freihausgartens komponierte — Schikaneder und Anna Gottlieb — Mozarts Pamina — leisteten ihm bei der Arbeit Gesellschaft, Kapellmeister Henneberg und sein Orchester erwiesen sich wacker, und bei allen Mitwirkenden fand der

Komponist volles Verständnis. Er war von Todesahnungen heimgesucht, arbeitete zugleich am „Requiem“, mußte die Arbeit in Wien unterbrechen und im August in achtzehn Tagen die bestellte Oper „La Clemenza di Tito“ komponieren und in Prag deren Aufführung dirigieren; dann kam er zurück nach Wien, am 28. September schrieb er den Priestermarsch und die Ouvertüre zur „Zauberflöte“ nieder, und am 30. September 1791 fand die Erstaufführung der Oper statt, die einst in Salzburg geplant, jetzt in Wien vollendet worden war.

Die Ouvertüre kann uns verstehen lehren, wie einig Mozart und Schikaneder waren und welch eine wichtige Herzenssache „Die Zauberflöte“ für Mozart war. Der tiefe Ernst der Einleitung hat kaum seinesgleichen — fast möchte man sagen, sie sei ernster als das „Requiem“. Die Posaunen, die Mozart nur ausnahmsweise und niemals zur Behandlung von etwas Gewöhnlichem verwendete, lassen hier ihren geheimnisvollen, mahnenden Ruf erschallen — mit den ersten Takten sind wir in einer andern Welt: der Welt des Geistes, dem Reich des Ideals. Ein dreimaliger Mahnruf tönt schon zu Anfang — aber mitten in der Ouvertüre, mitten in dem dahinströmenden klingenden Leben dringen nach einer langen Pause dreimal je drei laute Akkorde an unser Ohr, und wieder nach langer Pause lassen die gleichsam einen schweren Weg der Prüfung wandelnden Klänge den Hörer fühlen, wie nur ein durch nichts zu beirrendes Streben — das sogar vor einem plötzlich sich öffnenden Abgrund nicht zurückschreckt — imstande ist, das edle Ziel des wahren Menschentums zu erreichen. In beweglicher Farbenpracht freut sich das Orchester des höheren, geistigen Lebens, die leuchtenden Stimmen der Trompeten und die stolzen Schläge der Pauken führen zum Schluß, der Ernst und Pracht würdig und freudig vereinigt!

Schikaneder hatte das Theater festlich mit Wachskerzen „illuminiert“ — die Vorstellung aber stand ganz im Dienst des Kunstwerks. Nacht und Tag rangen auf der Bühne miteinander, Finsternis und Licht, der trügerische Schein des Mondes und der strahlend siegreiche Glanz der Sonne. Ohne zu prahlen, konnte der Direktor auf dem Theaterzettel mitteilen, daß seine treuen Mitarbeiter, „Herr Gayl, Theatermaler, und Herr Neszthaler als Dekorateur sich schmeicheln, nach dem vorgeschriebenen Plan des Stückes mit möglichstem Künstlerfleiß gearbeitet zu haben". Jede Einzelheit war von Schikaneder angeordnet und überprüft. Drei große Versenkungen funktionierten und das von ihm eingerichtete „Flugwerk", auf dem die drei Knaben herniederschwebten, war den ganzen Abend immer mit andern Blumen, zuletzt mit lauter Rosen geschmückt. Das Orchester erwies sich schon in der Ouvertüre wirksam und schwungvoll: Die weihevollen Stimmen der Posaunen klangen ernst und feierlich. Zwölf verschiedene Dekorationen waren neu hergestellt worden, zehn Verwandlungen fanden bei offener Szene statt, alle Berge waren gangbar, jede Tür praktikabel. Bei der ersten Erscheinung der Königin der Nacht teilte sich die Berggegend auseinander und wurde zu einem prächtigen Gemach, in dessen Mitte die nächtliche Königin auf einem mit leuchtenden Sternen gezierten Thron saß. Die Priester versammelten sich in einem Palmenwald, die Bäume aus Silber, die Blätter aus Gold, achtzehn kleine Pyramiden ringsum, in der Mitte die größte Palme neben einer großen Pyramide. Pamina schlief in der Rosenlaube eines Gartens, dessen Bäume „nach Art eines Hufeisens gesetzt" waren. Bei der Feuer- und Wasserprobe sah man zwei große Berge, in dem einen ein brausender Wasserfall, der andere spie Feuer aus, über dem Feuer ein hellroter Horizont, über dem Wasser schwarzer Nebel. Jeder Berg war durch eine eiserne Tür verschlossen, in der Mitte stand eine große Pyramide. Zum Schluß öffnete sich „nach langem Feuergeprassel, Windgeheul, Ton eines dumpfen Donners und Wassergeräusch" der Eingang in einen hell beleuchteten Tempel. Dieser Anblick „stellte den vollkommensten Glanz dar". Endlich verwandelte sich „unter Donner, Blitz und Sturm“ die ganze Bühne in eine Sonne, in der Sarastro, umgeben von den Priestern, das treue Paar willkommen hieß.

Alle Darsteller vereinigten sich zu einer packenden Gesamtleistung: Benedikt Schack — Tamino, Franz Xaver Gerl — Sarastro, Josepha Hofer — Königin, Nouseul — Monostatos und jeder und jede — es war ein Ensemble, das nicht übertroffen wurde. Emanuel gab den Papageno, Urban Schikaneder, der von Friedel her übernommen war, trat als „Herr Schikaneder der ältere“ als erster Priester auf. Die Seele der Oper war Anna Gottlieb, die die Pamina so sang und spielte, daß Mozart gerührt und erschüttert war. Der Meister saß im Orchester und leitete die Aufführung, er versteckte sich, als das Publikum ihn stürmisch rief, Schikaneder suchte und fand ihn und führte ihn auf die Bühne. Dann gab es noch eine Siegesfeier im Gasthaus, an der Mozart, Emanuel, Anna und die andern teilnahmen. Es war ein schöner Abend für Wolfgang Amadé, der Höhepunkt in Emanuels Lebensarbeit — der Abend, an dem die deutsche romantische Oper geboren wurde.

Mozart hatte in seine Oper viel Persönliches gelegt. Mit gutmütigem Humor machte er den Papageno geradezu zum Porträt des leichtlebigen Freundes, der ihm mit eingehendem Verständnis einen Operntext geschrieben hatte, der nicht seinesgleichen fand — eine Handlung, in deren nie nachlassender Spannung das ganze Menschenleben enthalten war; Personen von so ausgezeichneter Charakteristik, daß es Mozart möglich wurde, in einer Arie deren innerstes Wesen zu kennzeichnen. Nur die geistige Einheit der beiden alten Freunde konnte den Stoff so gestalten, daß Mozarts Oper eine Allegorie wurde: Von der lügnerischen Königin, der italienischen Oper, der unnatürlichen Mutter einer Tochter, die der Inbegriff schlichter Wahrheitsliebe ist, erhält der ideale Musiker das allmächtige Instrument der Töne, und er gewinnt mit ihm Paminen, das deutsche Singspiel, das unter dem Schutz des weisen und mächtigen

Gönners, des Kaisers, steht. Aber ihn muß der in bunte Federn gekleidete Spaßmacher begleiten, der Theaterdirektor, der mit seinem Flötchen die Vögel anlockt und dessen Glockenspiel die Leute sogar gegen ihren Willen tanzen läßt. Der ideale Tonkünstler kann des auf handgreiflichen Erfolg bedachten Praktikers nicht entbehren, der instinktiv den geraden Weg zur holden Prinzessin findet, die der falsche Monostatos — Salieri, der als einziger bestehen will — knechten und, als ihm das nicht gelingt, töten will. Doch Pamina ist nicht nur das Singspiel, sie ist die Kunst überhaupt — die echte Kunst, die eins ist mit der Wahrheit. Sie ist das Ziel des redlichen Künstlers, dessen Streben nichts hemmen kann: von der Riesenschlange des Schicksals verfolgt, vom Betrug süß klingender, schmeichelnder Lüge, der er ahnungslos vertraute, getäuscht, in Abenteuer und Gefahren verstrickt, von Gegnern und Feinden bedroht, geht er seinen Weg — und als es gilt, die schwerste Prüfung zu bestehen, des Todes Schrecken zu überwinden, um sich aus der Erde himmelan zu schwingen, da kommen ihm drei hohe Mächte zu Hilfe: die Macht der Töne, die (in Sarastro verkörperte) Lebensweisheit und die Kunst selbst, für die er begeistert ist. Sie, die Holde, wird seine Führerin in der Gefahr, und mit ihr gemeinsam durchschreitet er Feuer und Wasser; die ihn leitete, wird sein Lohn, indem sie mit ihm eins wird im goldenen Tempel der Sonne.

Aber die hochsinnige Allegorie birgt im Gewand des Märchens ein tiefes Geheimnis: das Problem der beiden Geschlechter — Mann und Weib. Die nächtliche Königin als die zur fessellosen Hingabe an Lüge, Zwietracht und Haß gewordene Weibesnatur und die durch Selbsterkenntnis, Selbstbeherrschung und Selbstveredlung zur Weisheit und Güte gewordene Mannheit Sarastros müssen unversöhnliche Gegensätze bleiben. Der selbstsüchtige Mohr kann sich, von jedem edlen Weib verachtet, nur mit einem schlechten Weib zu schlechtem Zweck verbinden. Wie Mann und Weib einander wirklich finden können, lehren uns zwei Paare: die Naturmenschen Papageno und Papagena, die in behaglicher Freude am Genuß und in der Sorge für Nachkommenschaft ihren Zweck sehen – und Tamino und Pamina, die Edelmenschen, die die Erkenntnis, daß sie *geistig* füreinander bestimmt sind, zu einer untrennbaren seelischen Einheit macht: Sie werden geistig ein einziges Wesen, in entschlossenem Ineinanderaufgehen überwinden sie die Gewalten des Feuers und des Wassers. Den Gegensatz zwischen Mann und Weib versöhnt die Liebe, durch die die Harmonie der Menschheit erreicht wird. Das ist die der „Zauberflöte" zugrundeliegende Idee, die das Kunstwerk zur Verherrlichung der edelsten Gesinnung macht – einer Gesinnung, die den Liebenden die Kraft geben würde, die zerstörenden Elemente auch ohne die schützende Flöte heil zu durchwandeln. Diese Gesinnung läßt Tamino alles tun, um die Geliebte zu gewinnen. Aber die Geliebte ist des standhaften Strebens würdig, ein kostbarer Preis, ein köstlicher Besitz! Alle trefflichen Eigenschaften der weiblichen Natur sind in der Prinzessin vereinigt, die durch die Liebe aus einem unselbständigen, tändelnden Kind zur zielbewußten, mutigen Persönlichkeit wird.

In seiner Pamina hat Mozart das Ideal eines Weibes geschaffen. Und sein genialer Geist verband mit dem Hohelied der Liebe die Verklärung der Ideale des Freimaurertums, für das er begeistert war. Auch hierin wurde er durch das Verständnis und Geschick seines Textdichters unterstützt, der die Umrahmung der Handlung nach einer im „Journal für Freimaurer" gedruckten Abhandlung „Über die Mysterien der Ägyptier" von Ignaz von Born, dem Nestor der Wiener Freimaurer, stilgerecht gestaltete und in seinen Bühnenbildern trotz des Prunks einen Schauplatz erschuf, dessen Tempel, Pyramiden und Palmenhaine der stillen Größe entsprachen, die Mozarts Auffassung eigen war.

Neun Wochen nach der Erstaufführung war Mozart tot. Nur sein früher Tod ist schuld daran, daß er nicht noch manche Oper für den Freund geschaffen hat.

DIE BLÜTEZEIT DES FREIHAUSTHEATERS ZAUBEROPERN UND VOLKSSTÜCKE

Nun begann ein Jahrzehnt dauernden Aufstiegs für das Freihaustheater. Zwar verlor Schikaneder eines seiner begabtesten Mitglieder — Anna Gottlieb verließ die Stätte, an der jeder Stein sie an den geliebten Lehrer erinnerte, dessen Verlust sie nicht verschmerzen konnte — Mozarts Tod hatte ihr das Herz gebrochen. Die siebzehnjährige anerkannte Sängerin verzichtete auf eine glänzende Zukunft. Aber geschäftlich ging das Theater großartig. „Die Zauberflöte" blieb ein Zugstück von unvergänglicher Lebenskraft; Schikaneder leistete als Bühnenleiter, Schauspieler und Dichter Unglaubliches, er kam zu Wohlstand und Reichtum. Das Andenken des geschiedenen Freundes ehrte er durch sorgfältige Wiedergabe von Mozarts Opern. Das Orchester wurde verstärkt und bekam je zwei Kapellmeister und Orchesterdirektoren, die Orchesterkonzerte im Theater wurden eine Berühmtheit von Wien. Für die Aufführung von Shakespeares „Macbeth" ließ Schikaneder von dem Komponisten Johann Mederitsch, „genannt Gallus" (Grillparzers Klavierlehrer), eine vollständige Schauspielmusik schaffen — Ouvertüre, Zwischenspiele, Melodramen — voll genialer Einzelheiten (4 Hörner, 5 auf G, C, Es, As, B gestimmte Pauken). In der Nachfolge der „Zauberflöte" dichtete Emanuel eine ganze Reihe von Operntexten, die von bekannten Komponisten in Musik gesetzt wurden. „Der wohltätige Derwisch", ein „Lust- und Zauberspiel in 3 Akten" mit Musik von Schack und Gerl (1792) beruht auf zwei Märchen des „Dschinnistan" („Die Prinzessin mit der langen Nase" und „Der eiserne Armleuchter") und war der Vorläufer von Raimunds „Barometermacher auf der Zauberinsel" — eine Zaubertrommel und eine Schellenkappe retten den Prinzen Sofrano und dessen Begleiter, den lustigen Fischer Mandolino (Schikaneder), aus jeder Gefahr. „Die Eisenkönigin", ein „Zauberspiel mit Arien und Chören" (1794) ist verschollen. Die Oper in zwei Akten „Der Spiegel von Arkadien" (14. November 1794, gedruckt 1794) wurde von Mozarts Schüler Süßmayr komponiert: Der Zauberer Tarkeleon lockt mit einem „Hohlspiegel" und schmeichelnder Musik Fremde an und macht sie zu Sklaven; er will das Liebespaar Ballamo und Philanie vernichten, doch da kommen Jupiter mit dem Adler, Juno mit dem Pfau vom Olymp herab, retten die Liebenden und bestrafen den Zauberer. Der „Vipernfänger" Metallio und sein „Weibchen" vertreten den Humor. Diese Oper brachte Geld in Fülle ein. Schon 17 Tage vor der Premiere war das Theater ausverkauft, bis zum 16. Dezember, in einem Monat, wurde die Oper sechsundzwanzigmal gegeben. Nach kurzer Zeit sang man die Arien auf allen Straßen — „in ein paar Täg führ'n die Bierhäuselmusikanten schon d' ganze Opera um ein' Kreuzer auf", meinte der vorwitzige „Eipeldauer". Dieser widmet der neuen Oper ganze Seiten seiner originellen Briefe: „So ein Stuck is noch auf kein Theater g'wesen", ruft er begeistert; „'s Hörn und Sehn vergeht einem. Eh der Herr Vetter ein' Pris Tobak schnopft, is schon wieder eine andre Vorstellung da, und d' eine is schöner g'maln wie d' andre!" Als zuletzt gar Jupiter als Musikant erscheint und zur Hochzeit einlädt, ist es mit seiner Zurückhaltung ganz aus: „Da habn d' Zuschauer 's Maul und d' Augen aufg'rissen und haben sehn wollen, was das für eine Hochzeit wird; aber da wird auf einmal ein Schnitt durch gmacht und anstatt 'n Hochzeitssaal is der Himmel da und dort sitzt der Gott mit seiner Frau Gemahlin auf'n Thron — und da hab ich vor Verwunderung selber g'laubt, daß ich im Himmel bin!"

Eine noch heute anerkennenswerte Leistung war die Oper „Der Königssohn aus Ithaka", eine „große heroischkomische Oper", Musik von Franz Anton Hoffmeister, einem von Mozarts vertrautesten Freunden, aufgeführt am 27. Juni 1795. Der Text ist das Werk eines theaterkundigen Mannes, der ein Meister echt wienerischen Humors, aber auch ein gebildeter Mensch ist. Emanuel hat sich oft seiner auf dem Gymnasium in Regensburg erworbenen klassischen Bildung gerühmt und gern lateinische und griechische Ausdrücke gebraucht, im „Spiegel von Arkadien" nannte er die zwei Jupiter begleitenden Genien „Kalos" und „Agathos" — wir mögen diese stolze Gelehrsamkeit belächeln; doch muß zugegeben werden, daß „Der Königssohn aus Ithaka" eine Vertrautheit mit dem Wesen des klassischen Altertums verrät; ja man kann sagen: Ein Hauch homerischen Geistes belebt die Handlung, um die das weite blaue Meer den Rahmen bildet; Landschaft, Gebäude und Gemächer atmen antike Freude an Schönheit und Kultur. — Kalypso, die „Fürstin der Insel Ogygia", hat einst Odysseus geliebt und kann das Glück dieser Liebe nicht vergessen. Immer denkt sie an ihn, träumt von ihm, und obwohl ihr weiblicher Hofstaat sich bemüht, die Fürstin aufzuheitern, kann niemand deren Schwermut vertreiben. Eine Marmortreppe am Strand ist der Aufenthalt Kalypsos: Dort sitzt sie und blickt voll Sehnsucht auf das unendliche Meer, das sie von dem Geliebten trennt; dort schläft sie und ergibt sich unruhigen Träumen. Ihre Freundin Tillina, ein junges, liebliches Mädchen, bringt ihr Blumen, plaudert und singt ihr vor, doch alles ist vergebens. Da scheitert bei einem Sturm ein fremdes Schiff an der Insel, die Insassen springen ans Land und ihr Anführer, ein männlich schöner Jüngling, den ein ehrwürdiger Greis begleitet, gewinnt Kalypsos Teilnahme: Sie fühlt eine ihr unerklärliche, unwiderstehliche Neigung zu ihm. Kalypso veranstaltet einen festlichen Einzug für die Fremdlinge, und da der junge Held ihr immer teurer wird, aber über Herkunft und Namen schweigt, ersinnt sie eine List: Unter den Fremden ist ein einfältiger Spaßmacher, der sofort eine Liebelei mit der „Lieblingsnymphe“ Pratschina angefangen hat; dieser wird von Pratschina mit verbundenen Augen in Kalypsos „Muschelsaal“ geführt und dort ausgefragt; er ahnt nicht, daß auch Kalypso dem Verhör beiwohnt, und durch ihn erfährt die Fürstin, der Jüngling sei der Prinz Telemach, des Odysseus Sohn; der Greis sei Mentor, der Erzieher des Prinzen, und auf Mentors Wunsch habe Telemach allen seinen Leuten verboten, sich durch Liebe an ein Weib zu ketten. Der überlistete Spaßmacher – Kolifonio, „des Prinzen Gesellschafter und Tischfreund“ – wird abgeführt; doch nun weiß Kalypso, warum ihr Herz so wundersam für den fremden Jüngling schlägt, der das verjüngte Ebenbild seines von ihr so heiß geliebten Vaters ist; in leidenschaftlich aufwallendem Gefühl erliegt sie der Versuchung und begeht einen Fehler: Sie überträgt ihre Liebe zu dem unerreichbar gewordenen Vater auf den Sohn und beschließt, Telemach dazu zu bringen, daß er als ihr Gatte auf Ogygia bleibe. Bei einem glänzenden Gastmahl wirbt sie mit allen Mitteln um Telemachs Liebe und der viel jüngere Mann ist nahe daran, durch so viel Zärtlichkeit überwältigt, die Werbung durch Gegenliebe zu erwidern. Doch bei einer von Kalypso veranstalteten Jagd wird Telemach, einen Hirsch verfolgend, von einem Bären angefallen; er hat seinen Speer nach dem Hirsch geworfen und ist ohne Waffe, er ringt mit dem Bären, fühlt seine Kraft schwinden und ruft zu den Göttern um Hilfe – da kommt Tillina und tötet den Bären mit ihrem Spieß. Telemach dankt der Lebensretterin – und dabei flammt das Gefallen, das die jungen Menschen von Anfang aneinander fanden, zu inniger Liebe auf. Zufällig belauscht Kalypso die Liebenden – ihr Staunen wird zur Wut darüber, daß der geliebte Jüngling sie, die reiche, gebietende Fürstin, verschmäht und ihr eine Dienerin, ein armes, niedriges Mädchen vorzieht. Im Zorn ihrer nicht mehr mächtig, will sie die zur siegreichen Nebenbuhlerin gewordene bisherige Freundin mit einem Dolch töten – da fällt ihr rechtzeitig Mentor in den Arm und verhindert den Mord.

Kalypso aber, von Eifersucht erfüllt, verflucht das junge Liebespaar. — Zu Anfang des zweiten Aktes sind auch die übrigen Schiffe der Ithaker in den Hafen eingelaufen und Telemach soll mit den Seinen Ogygia verlassen. Allen Mahnungen Mentors, er solle sich nicht durch die Liebe von seiner Aufgabe, sein Land zu regieren, abbringen lassen, trotzt der Prinz: Er widerruft das Liebesverbot und will mit Tillina glücklich werden. Als er mit der Geliebten fliehen will, läßt Kalypso durch ihre Nymphen die Schiffe anzünden, die Flucht wird verhindert, die Flüchtlinge werden vor Kalypso geschleppt. Doch die Fürstin hat ihren Haß überwunden; öffentlich bittet sie Tillina um Verzeihung, sie verzichtet und will dem Glück der jungen Liebenden nicht im Weg stehen. Da Telemach nicht von Tillinen lassen will, stürzt ihn der erzürnte Mentor ins Meer — doch Tillina springt dem Geliebten nach, um mit ihm zu sterben. Da greifen die Götter ein: „Donnerschlag, die Felsen stürzen ein, Minerva mit ihrem Gefolge auf einem Wolkenwagen. Die Szenen sind transparent, die Bäume glänzendgrün, das Meer silberartig. Neptun kommt mit seinen Wasserpferden mit Telemach und Tillinen, nach ihnen Wassergötter und Nymphen in Silbermuscheln." Ein feierlicher Schlußchor preist mit Jubel die Liebe des geretteten Paares:

„Der Held hat mutig überwunden,
Tillina krönt des Siegers Hand,
Der Lohn, den Schmerz, den du empfunden,
Die Liebe in dem Vaterland.
Dort sollst du dich dem Staate weih'n
Und dankbar an Kalypso sein!"

Kalypso aber, die nun auch ihre Freundin verloren hat, sinkt verzweifelnd ihren Nymphen in die Arme und bricht in die Klage aus: „Weh mir, ich leide nur allein!"

Diese Handlung, die nicht nur in ihrem seelischen Ge-

Das „Theater an der Wien“. Ansicht der Front Millöckergasse

Titelbild des Textbuchs zur „Zauberflöte“
(Druckausgabe 1793 von Ignaz Alberti)

halt, sondern auch — freilich ohne tragischen Ausgang — in ihrer Entwicklung völlig der Handlung von Grillparzers „Sappho" entspricht, war mit einem sehenswerten szenischen Prunk ausgestattet. Die Inszenierung ist wie immer bis in jede Einzelheit bezeichnet. Die Vorschrift für die erste Szene lautet: „Das Theater ist eine Allee von grünen Bäumen, statt der Luftservietten neigen sich die Äste von Bäumen zusammen. Eine tiefe Aussicht ins Meer. Eine Marmortreppe schließt das Ufer des Meeres. Kalypso schläft auf der Treppe, ihr Haupt ruht auf ihrem ausgestreckten Arm. Sobald der Vorhang aufgezogen wird, zeigt Kalypso einen sehr unruhigen Traum an: Dann tritt nach einem Ritornell Tillina mit einem Blumenstrauß auf." In Kalypsos „Muschelsaal" steht ein Thron „von Muscheln und Korallen" — „hie und da springt Wasser aus kleinen Fontänen, statt des Spiegels fließt Wasser, in welchem man Korallen zu erblicken wähnt, auf der andern Seite steht ein Tisch, worauf eine Krone, Szepter und ein Königsmantel liegt". Die Vorschrift für das Gastmahl lautet: „Ein reizender Saal, prächtige, nach griechischer Art gezierte Tafel mit Pokalen, nebst Seitentischen, wo die Weine stehen und auf silbernen Glutpfannen Spiritus brennt. Unter einem Thron mit Rosen geziert sitzt Kalypso und Telemach, Mentor zur Linken. Hinten steht zur Bedienung Telemachs Gefolge. Tanzende Nymphen mit Girlanden machen unter einem kleinen Ballett verschiedene Gruppen." Für die Jagd wird vorgeschrieben: „Drei Flügel vom Theater stellen einen Garten vor, dieser Garten schließt ein Gegitter ein, durch das Gegitter sieht man einen versetzten Wald. Tiere von allen Gattungen werden in die Kulissen gejagt." All das sowie der Hafen mit den brennenden Schiffen, der Seesturm, der Festzug und das Erscheinen von Minerva und Neptun ergaben eine Fülle an Pracht, die durch die Bühnentechnik des Freihaustheaters gewiß zu zwingender Wirkung gebracht wurde. Dem Komponisten — dessen Aufgabe schon dadurch eigenartig war, daß in den Hauptpersonen drei männlichen nicht weniger als neun Frauenstimmen gegenüberstanden – wurde Gelegenheit geboten, einerseits Kalypsos Seelenschmerz musikalischen Ausdruck zu geben, außerdem jedoch um dieses Seelengemälde einen prunkvollen Rahmen zu schaffen. – Neben der Rührung und der Schaulust mußte aber auch der Humor zu seinem Recht kommen. Der Spaßmacher Kolifonio ist ein würdiger Nachkomme Papagenos; er findet in Pratschina ein passendes „Weibchen", gibt in lustigen Kouplets seine Lebensauffassung kund und weiß aus jedem Abenteuer einen Ausweg. Schikaneder hatte die Rolle für sich geschaffen, und er gab den Kolifonio als einen gutmütigen Naturburschen, der sich durch nichts aus der Fassung bringen läßt. In seinem Auftrittslied preist er die Weiber und die Liebe, der ernste Mahner Mentor wird von ihm verspottet; beim Festzug halten Nymphen über Kalypso und Telemach Schirme aus Rosen und Blättern, Kolifonio aber „wird von zwei Nymphen mit einem komischen Parapluie von Blättern und Früchten bedeckt", die er abpflückt und verspeist. Beim Verhör sagt er keck: „Ja, wenn Telemach den alten Graukopf nicht bei sich hätte, da würden wir ganz andere Sprünge machen, denn der Mann bleibt doch immer Mann, wenn so ein hübsches Figürchen um ihn herumhüpft", und auf die Frage: „Gefällt dir unser Land?" antwortet er: „Das Land interessiert mich eben so stark nicht, aber unsereiner hat auch ein Herz, das nicht von Leder ist!" Auf der Jagd versteckt er sich mit Obst, einer Torte und einer Flasche Wein im Gebüsch und wird, während er schmaust, von zwei Bären belästigt, die ihm die Leckerbissen wegnehmen und dabei „im anpassenden Ton des Orchesters brummen". In Kalypsos Toilettezimmer sitzt er zwischen zwei großen Vogelhäusern, „wo lebendige Papagey sind", und singt sein berühmt gewordenes „Paperllied" mit dem Refrain: „Ich schickte mich herrlich darein, ein Paperl, ein Paperl zu sein!" Doch ist dieser lustige Bursche ein treuer Diener seines Herrn, dem er in jeder Not beisteht und den er unter Mißachtung eigener Gefahr schützt — der Nachkomme Papagenos ist zugleich der Vorgänger des Florian Waschblau und besonders des „guten, ehrlichen Valentin“ bei Raimund. Freilich verleitet ihn sein Übermut auch zu Streichen, die für ihn üble Folgen haben: Seine herausfordernde Keckheit gegen Mentor führt dazu, daß der erzürnte Greis ihn am Mastbaum aufhängen lassen will, und seine Sucht, mit jedem neuen Mädchen eine Liebschaft anzufangen, trägt ihm, als er sich der „Erdnymphe“ Armelia zu nähern versucht, eine saftige Ohrfeige ein.

Ein besonderer Anziehungspunkt der Oper waren die reichlich eingestreuten Lieder, die bald auf den Gassen und in den Wirtshäusern gesungen wurden. Ein harmloser Humor erfüllt schon Kolifonios Entreelied:

„Ich halt' mich an die Weibchen,
Da fährt man immer gut,
Gesicht und Herz und Leibchen
Erfrischet Geist und Blut.
Ein Weib ist leicht zu lenken,
Denn fein ist ihr Gefühl;
Sie wissen nichts von Ränken,
Denn Liebe ist ihr Ziel.

Und wär' kein Weib auf Erden,
So wär' ich auch nicht da,
Nie könnt' ich glücklich werden.
Die Lieb' erhält uns ja.
Wer für die Schönheit brennet,
Sucht diesen Zeitvertreib!
Und wer die Liebe kennet,
Der wählet sich ein Weib.

Wenn ich die Welt verlasse,
Muß ins Elysium!
So seh' auf Charons Straße
Ich mich nach Weibern um.
Kein Philosoph gilt dorten,
Er weiß nicht mehr als ich.
Ich lache seinen Worten
Und halt' zu Weibern mich."

Noch beliebter als dieses Lied wurde Kolifonios „Paperllied":

„Bey großen und mächtigen Herren
Möcht' ich wohl ein Papagey seyn.
Ich ließ' in den Käfig mich sperren,
Sie reichten mir Zucker hinein.
Und machten im Hause die Leute
Nur einen verdächtigen Streich,
So macht' ich dem Herren die Freude
Und plauderte alles sogleich.
Ich schickte mich herrlich darein,
Ein Paperl, ein Paperl zu seyn.

Bey Nacht wär' ich stets auf der Lauer,
Wenn's Wetter wär' düster und trüb;
Und stieg' einer über die Mauer,
So schrie ich: Du Spitzbub, du Dieb!
Und gäb' man mir Zucker und Feigen
Und schmeichelte man mich dabey,
So würde ich dennoch nicht schweigen,
Ich blieb' meinem Herren getreu.
Ich schickte mich herrlich darein,
Ein Paperl, ein Paperl zu seyn.

Auch gibt es gewisse Gespenster,
Es nimmt sie der Paperl in acht,
Sie kommen gar oft durch das Fenster
Und sagen den Mädeln „Gut' Nacht";
Sie schleichen ganz still auf den Zehen,
Sind gerne bey Schönen allein.
Es hat euch der Paperl gesehen,
Geht weiter, sonst werde ich schrey'n!
Ich schickte mich herrlich darein,
Ein Paperl, ein Paperl zu seyn!"

Pratschina, Kalypsos Lieblingsnymphe und bald Kolifonios „Weibchen", singt ihrem schalkhaften Wesen entsprechend folgendes Lied:

„Euch, ihr Herrn mit stolzen Blicken,
Lacht ein schönes Mädchen aus.
Ihr seid leichtlich zu bestricken,
Kommt nicht aus dem Netz heraus.
Denn wir machen es nur so —
So — so — so (winkt mit dem Finger),
Und das Herz brennt lichterloh!

Wollen sie nicht treulich scherzen,
Oh! so streicheln wir ihr Kinn;
Dadurch schmelzen Männerherzen
Weich, wie Butter, vor uns hin.
Denn wir machen es nur so —
So — so — so (winkt mit dem Finger),
Und das Herz brennt lichterloh!"

So lebten Motive, Einzelheiten, Personen der „Zauberflöte" in Schikaneders späteren Operntexten weiter; so schufen Mozarts Freunde — Süßmayr im „Spiegel von Arkadien", Hoffmeister im „Königssohn aus Ithaka" — Opern, auf deren Musik der Abglanz ihres klassischen Vorbilds leuchtete. Mozart lebte nach seinem körperlichen Tod geistig weiter in der Entwicklung der Gattung, die er veredelt hatte, und Emanuels Eifer, Geschick und Humor sorgten dafür, daß diese Entwicklung nicht ins Stocken kam, sondern frisch und lebendig blieb. Konnte auch die Höhe der „Zauberflöte" nicht ein zweites Mal erreicht werden, so war doch jede in ihrer Nachfolge geschaffene Oper Beweis dafür, daß man ihr Andenken liebevoll in Ehren hielt.

Die Oper „Der Höllenberg oder Prüfung und Lohn" (21. November 1795, Musik von dem Salzburger Joseph Wölffl) spielt zum Teil im Innern eines Vulkans, die Abenteuer des Prinzen Batto und des „reisenden Musikus" Klingklang, der Magier Harmonesus, die „Pyramide der Ruhe und des ewigen Friedens" erneuern die Stoffwelt der „Zauberflöte". Ähnlich verhält es sich mit der Oper „Der Zauberpfeil oder Das Kabinett der Wahrheit" (1796, Musik von Johann Georg Lickl). Ungeheuren Erfolg hatte die Oper „Babylons Pyramiden" (25. Oktober 1797, gedruckt in Wien 1800. Musik des ersten Aktes von Gallus-Mederitsch, des zweiten Aktes von Peter v. Winter), die in zwei Monaten vierundzwanzigmal aufgeführt wurde. Der Kern der Handlung ist eine Nachahmung von Voltaires „Semiramis", die äußere Gestalt richtet sich nach der „Zauberflöte". Die Königin von Babylon schickt sich an, nach dem Tod des Königs einen neuen Gatten zu wählen; in der Wahlversammlung erscheint unter Blitz, Donner, Sturmgebraus und Hagelgetöse der Schatten des Königs mit einer blutenden Wunde und nennt seinen Mörder: Dieser stürzt sich in sein Schwert. Damit verknüpft ist eine Nebenhandlung: Die Königin will die Vereinigung zweier Liebender, der Prinzessin Cremona und des „babylonischen Helden" Timoneus, verhindern; die beiden sollen von Geharnischten durch Feuer und Wasser getötet werden. Nach ihrer Rettung wird Cremona gar einem Rudel Tiger zur Speise vorgeworfen, während die

Königin und Hunderte von Zuschauern ringsum auf Tribünen sitzen. Wieder werden Priesterversammlungen vorgeführt, Teile der Handlung gehen in Pyramiden, Tempeln, Königsgrüften vor sich. Außer diesen feierlichen Aufzügen, den Tierszenen (darunter ein „Seeungeheuer" und zwei Schlangen) wurde auch in Kleinigkeiten auf die Schaulust Rücksicht genommen: Die Geister der Ahnherren peitschen die Königin durch die Gruftgewölbe; bei einem Gewitter schlägt der Blitz in einen Baum, der brennt; in einer Pyramide brennt Feuer, dessen Rauch aus der offenen Pyramidenspitze aufsteigt. Das komische Element vertraten der „Oberste der Tigerknechte" Forte und sein eifersüchtiges Weib Piana – der Humor dieses Paares ist von zündender Wirkung. Der (von Schikaneder dargestellte) Forte ist in das niedliche „Tigermädchen" Kallista verliebt und versucht mit allen Mitteln, diese Neigung vor seiner ihn überwachenden Gattin zu verbergen. Piana ist selbst einem jungen „Tigerknecht" zärtlich zugetan, versteht aber sehr schlau, ihre Zusammenkünfte mit ihrem Liebhaber vor ihrem Mann geheimzuhalten. Die gegenseitige Eifersucht und das Versteckspiel der beiden ergeben Situationen von unwiderstehlicher Komik. Nach der „Tigerhinrichtung" Cremonas, die als „Volksfest" veranstaltet wird, aber nach der Rettung der Verurteilten durch die Zauberin Ragunka zu einem allgemeinen Aufstand des Volkes wird, ergibt sich im zweiten Akt nachstehende Szenenfolge:

2. AUFTRITT

Das Theater verwandelt sich in Pianas Zimmer.
(Piana tritt auf mit dem zweiten Tigerknecht.)

PIANA: Ha, wie leicht mir's nun wieder ist, daß ich dem Gedränge des Volkes entkam! (Sie macht sich mit dem Tuche Wind.) Diesmal so einem Feste beigewohnt und nie wieder! Ohne deinen Arm, lieber Junge, wäre ich vielleicht schon ein Opfer des zügellosen Volkes geworden. Sag, wie kann ich das lohnen?

ZWEITER TIGERKNECHT: Mich lohnt dein Anblick, mein Herz, und –

PIANA: Nun?

ZWEITER KNECHT: Meine Liebe zu dir.

PIANA: Hast du dir denn noch keine aus dem Kreis der Tigermädchen gewählt?

ZWEITER KNECHT: Ich wählte, aber nur zum Spiel und Tanz, nie zur Liebe.

PIANA: Ich allein also wäre der Gegenstand deiner Liebe?

ZWEITER KNECHT: Du allein, schönste Piana; o wenn ich dir nur alles sagen könnte, was ich für dich fühle! Doch für heute ist die Zeit viel zu kurz; wenn du mir erlaubst, so werd' ich morgen –

PIANA: Warum eilst du denn so sehr?

ZWEITER KNECHT: Es ist schon spät – und dann fühl' ich auch einen entsetzlichen Durst in mir.

PIANA: Willst du Zyperwein?

ZWEITER KNECHT: Der würde für meinen Gaumen zu kostbar sein.

PIANA: Komm, ich bewirte dich. (Beide ab.)

3. AUFTRITT

Forte mit Kallista.

FORTE: Sieh, mein Schätzchen, hier können wir uns ungestört sprechen.

KALLISTA: Aber wenn deine Frau uns zusammen überraschte?

FORTE: Die ist beim Volksfest und kömmt sicher vor Anbruch des Tages nicht nach Hause. Nun sag mir, mein kleines Schätzchen, hast du noch nie geliebt?

KALLISTA: Mehr als hundertmal.

FORTE: Ja? – Und wer ist denn gegenwärtig der Glückliche, der das schöne Herzchen besitzt?

KALLISTA: Ich hab' ihrer zwei.

FORTE: So — ihrer zwei?

KALLISTA: Den einen lieb' ich, um ihn als meinen künftigen Mann zu haschen, und den zweiten, daß er der Verbindung nicht entgegensteht.

FORTE: Hm, hm! So viel ich da höre, so kenn' ich weder den einen noch den andern.

KALLISTA: O ja! Sieh, der eine, den ich zum Mann wünschte, ist der schlanke Junge, der Eure Frau beim heutigen Fest an der Hand führte.

FORTE: Der junge Tigerknecht?

KALLISTA: Eben der.

FORTE: Ei, ei, ei! Da sind wir ja beinah schon halb verwandt. — Nun, und der zweite?

KALLISTA: Ist ein Mann in seinen besten Jahren, hat eine sehr muntere Laune — hat ein fettes Ränzchen.

FORTE: Fettes Ränzchen? Nu, Herzchen?

KALLISTA: Auch spielt er sehr oft auf seiner Leier, besonders wenn seine Frau übler Laune ist.

FORTE: Ei, Goldkind, das bin ja ich!

Kallista (sieht beschämt zur Erde).

FORTE: Ja?

Kallista (nickt mit dem Kopfe).

FORTE: O du mehr als Ananas und Zibeben! Wenn nur jetzt mein Weib einige Stunden vom Haus wegbliebe! — Also, ich bin der zweite? Sollst auch den schlanken Jungen heiraten, ich als Vorsteher der Pyramiden und Oberster der Tigerknechte erteile die Erlaubnis zu eurer Verbindung; aber wohlgemerkt: daß ich immer das zweite Plätzchen im Herzen besitze! Verstanden?

KALLISTA: Immer.

FORTE: Höre, Kind! Da wir nun ganz allein in unserer unschuldsvollen Liebe beisammen sind, so möcht' ich gern deine zwei schön gebauten Füßchen in Bewegung setzen. Mit einem Wort, ich möchte dich gern wieder einmal so tanzen sehen wie voriges Jahr am Tigerfeste.

KALLISTA: Macht es dir Vergnügen?
FORTE: Unaussprechliches Vergnügen.
KALLISTA: Dazu sollst du mich nicht zweimal erinnern.
Forte (nimmt seine Leier und schlägt, Kallista tanzt; unter diesem Tanz kömmt Piana aus dem Nebenzimmer zur linken Seite und sodann in der Mitte zu stehen. Forte steht ganz verwundert da. Eine allgemeine Pause).
Kallista (tanzt schleichend und furchtsam zur Tür hinaus).
FORTE: Soll ich dir vielleicht auch ein Tänzchen vorspielen?
PIANA: So führt man sich auf, wenn ich nicht zu Hause bin?
FORTE: Aber liebe Piana!
PIANA: Kein Wort!
FORTE: Ich bin schon still.
PIANA: Das Haupt der Tigerknechte, der Vorsteher der Pyramiden gibt sich mit so pöbelhaften Mädchen ab!
FORTE: Aber liebe Piana, so laß dir nur erklären!
PIANA: Mir aus den Augen — und das sogleich!
FORTE: Nun ja doch, ja doch. (Geht.) Liebe Piana, wann ist es mir erlaubt, wieder zu kommen?
PIANA: Mir aus den Augen, sag' ich, oder —
FORTE: Ja, Herzchen, ich hab' gefehlt, ich gehe.

4. AUFTRITT

Der dritte Tigerknecht. Vorige.

DRITTER KNECHT: Wie, Herr, ich treffe Euch so ruhig hier zu Hause? Habt Ihr nicht den fürchterlichen Ruf des Volks gehört?
FORTE: Welchen Ruf?
DRITTER KNECHT: So wißt Ihr denn nicht, daß die Ehrenpforte niedergerissen ist und auf allen Straßen Tod und Verderben über Timoneus ertönt?
FORTE: Kein Wort.
DRITTER KNECHT: Noch mehr, man will schon als Wahrheit behaupten, Artandos sei künftiger König von Babylon.

PIANA (freudig): Artandos, sagtest du? Artandos, mein bester Freund!

DRITTER KNECHT: So ist's.

PIANA: Ha, nun sollen alle treulosen Männer sterben!

FORTE: Liebes Weib, ich bitte dich!

PIANA: Sterben sollst du!

FORTE: Sieh, Weib, solang ich lebe, soll keine Tänzerin mehr über diese Schwelle kommen, ich will meine Leier ins Feuer werfen, will ewig nur dich allein lieben und — anbeten!

PIANA: So geh denn, bessere dich, du hast Gnade.

FORTE: Ich danke dir, liebes Weibchen — komm, Alter, wir wollen weiter über diese Sache sprechen. (Beide ab.)

PIANA: Artandos König von Babylon — und *Piana* vielleicht noch Königin! (Sie will ins Zimmer gehen, der zweite Knecht tritt hervor.) Nun, lieber Junge, hast du gehört?

ZWEITER KNECHT: Gehört und erkannt — denn das Mädchen, so eben hier war, ist meine Liebste.

PIANA (lächelt): Nicht möglich!

ZWEITER KNECHT: Ich erkannte sie an ihrer Stimme und — (hier tritt)

5. AUFTRITT

Forte ein.

FORTE: Liebes Weib, was ich dir noch sagen wollte — (er staunt, eine allgemeine Pause).

Zweiter Knecht (verbeugt sich und geht ab).

Forte (verneigt sich gegen Piana und geht ab).

Piana (neigt sich zuletzt gegen das Parterre und geht auch ab).

Die Handlung dieser Oper, eine phantastische Mischung von Greueln, Humor und Dekorationsprunk — Wälder und Zypressenhaine, Mondschein, Gewitter, Kolossalstatuen mit brennenden Pechpfannen, Pyramiden, ein „Thronsaal", eine „freie Gegend" am Ufer eines breiten Stroms — war für die musikalische Komposition sehr geeignet. Die vielen Massenszenen gestatten dem Chor eine stete Beteiligung; einige Male erklingt sogar außer dem Chor auf der Bühne ein zweiter im Innern des Tempels. Entsprechend Taminos Flötenspiel durchziehen die sehnsüchtigen Klänge von Timoneus' Schalmei das Stück; wie Papageno auf dem Glockenspiel spielt Forte auf seiner Leier. Gelegenheit zu Tonmalerei ergibt sich durch die Priesteraufzüge, die Geistererscheinungen, das Auftreten des Seeungeheuers und die 21 Verwandlungen. Die erste Aufführung brachte eine Einnahme von 1045 Gulden; der von Kapellmeister Henneberg besorgte Klavierauszug enthält zwölf Szenenbilder, die erkennen lassen, was die Bühnentechnik des Freihaustheaters leistete — auf diesen Kupferstichen ist Schikaneder in der Rolle des Forte porträtähnlich wiedergegeben. Auch hier wurden die Lieder des Forte bald volkstümlich, wie die zwei folgenden:

„Hat einer nur Philosophie,
So kommt er durch und weiß nicht, wie!
Der hat oft Geld, weiß nicht, warum?
Er führt Prozeß, dann kommt er drum.
Dann beutelt er die Säcke aus,
Allein, es fällt nichts mehr heraus.
Ein Philosoph macht sich nichts draus
Und geht zu Fuß zum Tor hinaus.

Hat einer nur Philosophie,
So kommt er durch und weiß nicht, wie!
Wie mancher schwört bei Stein und Bein,
Er hat sein Liebchen ganz allein.
Er baut auf sie recht steif und keck —
Ein andrer kommt und schnappt's ihm weg!
Ein Philosoph macht sich nichts draus,
Sucht sich ein andres Liebchen aus.

ARIE

Wenn ich noch alle Mädchen wüßte,
Die ich schon herzte und schon küßte,
So würde mir der Atem schwer,
Bis ich mit Zählen fertig wär'.
Ich liebte schon im zwölften Jahre
Die schönste allerliebste Ware;
Ich war von einem lockern Schlag –
Zwölf Mädchen küßt' ich alle Tag';
Ich hatte, wenn der Abend schwand,
Zwölf neue wieder bei der Hand.
Und was ich hier nicht küssen kann,
Küss' ich im Himmelreich sodann.

Drum, liebe Männer, seid gelassen,
Es wird sich jede herzen lassen.
Und die jetzt hier sich spröde zeigt,
Herzt im Elysium und schweigt.
Schön wird sich dort ein jeder finden,
Sogar mein Dickwanst muß dort schwinden;
Dort rauft man um kein Küßchen sich,
Dort liebt sich alles brüderlich.
Wer dort ein Küßchen uns versagt,
Wird von uns Männern ausgelacht.
Ihr Schönen, spitzt die Mäulchen nur –
Dort küssen wir euch nach der Schnur!"

Ebenso erfolgreich war die zweiaktige Oper „Das Labyrinth oder Der Kampf mit den Elementen, der zweyte Theil der Zauberflöte" (Musik von Winter, 12. Juni 1798). Hier sind die Personen der „Zauberflöte" geblieben: Monostatos hat eine Gefährtin, die Mohrin Gura, bekommen; Papageno findet seine Eltern und Geschwister – „viele kleine Papagenos und Papagenas"! Eine „Oberpriesterin" und eine Schar von Priesterinnen treten hinzu. — Die Königin der Nacht spinnt neue Ränke. Zwei Damen bieten Tamino und Paminen giftgefüllte Becher zum Trunk; in einem Quintett tönt Sarastros warnende Stimme rettend in den lockenden Gesang der Damen. Es folgt ein großes Finale, die Priester rufen die Liebenden als Königspaar aus; da erscheinen der König Tipheus und dessen Freund Sithos und verlangen im Namen der Königin Paminen zurück. In mächtigem Doppelchor rufen die Eingeweihten zum Kampf, droht das Gefolge der Fremden mit Vernichtung des Bundes. — Das Gefolge zieht sich wieder zurück. Dann beginnt eine neue Prüfung des Liebespaares: „Sie müssen wandeln durch Labyrinthes Krümmungen wie jedes Fürstenpaar". Terzett: Unter süßem Flötenspiel Taminos und sehnendem Gesang der beiden beginnt die Reise durch die Elemente; Sarastro mahnt sie, des hohen Zieles zu gedenken. Während der Reise durch das Wasser ergreifen die vier Mohren der Königin Paminen und schleppen sie in das Reich der Nacht. — Auch Papageno ist von seinem Weibchen getrennt worden; im Wald trifft er in einer Hütte seine ganze Familie und fängt den tückischen Monostatos. Die drei Damen, die ihm das Glockenspiel abschmeicheln wollen, läßt er tanzen, bis sie umfallen. Dann rettet er Paminen und bringt sie zu den Eingeweihten; sie springt auf den Rat der drei Knaben durch die Luft und gelangt zu Tamino. Hand in Hand wandeln sie unter Flötenspiel und dem leisen Marschrhythmus der Pauken — die Prüfung ist überstanden. Da macht sich die böse Partei zur Verfolgung auf. Beide Heere stehen einander gegenüber, ein Zweikampf zwischen Tamino und Tipheus soll entscheiden. Tamino stürzt Tipheus in einen feurigen Abgrund, Monostatos wird an einen Stein geschmiedet — die Macht der Königin ist auf immer dahin.

Die Form der Gesangstücke ist durchaus von der „Zauberflöte" beeinflußt, auch Winters Musik ist Mozart nachempfunden. So ist die Oper wahrhaftig ein „zweiter Teil der ‚Zauberflöte'" — freilich ohne Mozarts Künstlergeist und Menschentum. Der Erfolg in Wien war groß, auch in Deutschland wurde sie gegeben. Ob sie Goethes „Zweiten Teil" beeinflußt hat, kann ich nicht entscheiden. Von ihr ist bloß ein Klavierauszug erschienen — als Titelbild der Sprung durch die Luft der neuen Pamina „Madame Willmann", die ein schlechter Ersatz war für Mozarts Pamina Anna Gottlieb —, der Text blieb ungedruckt wie die verschollenen Opern „Der Löwenbrunn" (1797), „Mina und Peru oder Die Königspflicht", „Der Wundermann am Wasserfall" (beide 1797) und „Proteus und Arabiens Söhne" (1801).

Dieses Gebiet von Schikaneders Tätigkeit wurde für die Geschichte der Kunst höchst bedeutend, denn aus der von ihm begründeten Zauberoper hat sich später die Gattung der „romantischen Oper" entwickelt; aber in ihr lag auch der Keim zum volkstümlichen Zauber- und Märchendrama, das seine Blüte in Raimunds Werken fand, in denen die Schicksale der Menschen von der Geisterwelt gelenkt werden und die eine innige Verbindung von Poesie und Humor sind. Aber Schikaneder ist auch der Begründer des eigentlichen Wiener Volksstücks und, indem er in seinen Lokalstücken den Wienern wie in einem satirischen Spiegel ihre Fehler und Schwächen vorhielt, wurde er zum Philosophen, der schonungslos die Nichtswürdigkeit der Menschen überhaupt brandmarkt, wurde er der Vorläufer Nestroys. Nach einigen noch ein wenig farblosen Versuchen traf er den richtigen Ton in dem Ende 1793 aufgeführten Lustspiel „Die Fiaker in Wien". Der Held war der Fiaker Roßschweif, ein ehrlicher, gerader Mann, der seine Tochter Liesel gern dem armen Beamten Grund, der sie liebt, zur Frau geben will; doch die hochnäsige Frau Roßschweif, die über ihren Stand hinauswill, sucht die Heirat mit dem armen Schlucker zu hintertreiben. Besonders belacht wurden die vielen komischen Figuren: die Fiakerknechte, ein Tanzmeister, ein Gesanglehrer, ein Theaterdirektor und ein Friseur. Schikaneder spielte den Roßschweif selber und gestaltete ihn zu einer wirksamen Charakterrolle. Der ungeheure Erfolg bewog ihn zu einer Fortsetzung und einem „dritten Teil“ mit dem Titel „Die Fiaker in Baden“, die beide 1793 gespielt wurden. Hier spielt die Fiakersfrau in Baden als „Baronesse von Roßschweif“ die Vornehme und läßt sich von einem Schmarotzer, der sich für einen Lord ausgibt, betrügen. Der biedere Roßschweif überrascht seine Frau in Baden, und es kommt nach vielen Szenen des Sturms und der Verzweiflung zur Versöhnung, nachdem der „Lord“ durch einen fluchenden Oberst als Dieb entlarvt wurde. Die Dienerschaft tut sich stark hervor, und die Expositionsszene in der Gesindestube, zwischen dem Koch, dem Pagen, dem Jäger, dem Kutscher, dem Stubenmädchen und den Bedienten zeigt schon den Ansatz zu den ständigen Bedientenszenen des Lokalstücks bis Raimund und Nestroy.

Von den vielen späteren Lokalstücken ist das berühmteste und wohl auch das beste „Der Tyroler Wastel“ (14. Mai 1796, Musik von Mozarts Schwager Jakob Haibel, gedruckt Leipzig 1798). In diesem bis Ende 1796 sechsundsechzigmal gegebenen Stück geißelte der Verfasser ohne Schonung die schlechten Seiten des damaligen Wiener Bürgertums. Wieder handelt es sich um ein unverträgliches Ehepaar. Herr v. Tiefsinn wird von seiner zweiten Frau arg geplagt; sie verschwendet sein Geld, läßt sich von dem alten Gecken „Herrn von Tulippan“ den Hof machen und verbietet ihrer Stieftochter Luise, den jungen Bäckermeister Josef zu lieben. Die ganze Hohlheit und Versumpfung der städtischen Gesellschaft wird mit scharfem Hohn an den Pranger gestellt durch den Gegensatz zu einem harmlosen ländlichen Ehepaar: dem Bruder Tiefsinns, einem Tiroler Bauern namens Wastel, und dessen Weib Liesel. Der Wastel besucht seine Verwandten in der Wienerstadt, wundert sich über das Unglück der verderbten Städter und ist überzeugt, daß es daheim trotz aller Einfachheit gesünder und gesitteter zugeht. Und siehe! Dem biederen Landmann, der der verdorbenen Stadtwelt objektiv gegenübersteht, gelingt es, alle Verwicklungen zu lösen: Er versöhnt Tiefsinn mit seiner Frau, verhilft Luisen und dem Bäcker zur Hochzeit, dem alten Tulippan wird die Tür gewiesen. Dann aber verläßt der Wastel die Stadt – es lockt ihn nicht, länger in Wien zu bleiben, er kehrt in seine urwüchsige Heimat zurück. Schikaneder gab den Wastel mit Gefühl und Natürlichkeit. Für den Humor sorgte ein drolliges Liebespaar, der „Bäckerknecht" Jodel und die Köchin Marianne. Die eingestreuten Lieder wurden bald volkstümlich; am meisten aber freute es das Publikum, daß Schikaneder den ganzen Prater auf die Bühne brachte, mit Wirtshaus, „türkischer Musik", Kegelbahn und Ringelspiel; Wirt und Kellner belebten die Szene mit drastischen Späßen, Harfenisten, Hausierer, Blumenmädchen traten auf; endlich brach ein Donnerwetter los, die Gäste suchten mit Schirmen und Schnupftüchern sich gegen den Regen zu schützen, und die Massenszene schloß mit einem Chor der ihre Dienste anbietenden Fiaker.

Der Erfolg dieses gemütvollen Lokalstückes, dessen Wert allgemein, auch von der sonst nicht sehr wohlwollenden Kritik, anerkannt wurde und das auch auswärts bald beliebt war, beruhte zum großen Teil auf den eingelegten Liedern und auf der anschaulichen, wenn auch boshaften Schilderung des Wiener Lebens. Die Lieder waren bald überall zu hören; in den Häusern und auf den Straßen sang man das aus dem „Dummen Anton" in den „Tyroler Wastel" übernommene:

„Ein Weib ist das herrlichste Ding auf der Welt;
Wer's laugnet, dem schlag ich die Goschen, daß s' g'schwellt!"

oder:

„Ein schöner Mann ist delikat
Wie ein Kapäunel mit Salat!“

und das berühmt gewordene Tiroler Lied:

„Die Tiroler sand often so lustig, so froh,
Sie trinken ihr Weinel und tanzen a so.
Früh legt man sich nieder, früh steht man dann auf,
Klopft ’s Madel aufs Mieder und arbeit’ brav drauf.
Und kommt dann da Kirta, so schaut man zum Tanz,
Der Jodel führt d’ Nannerl, die Gretel den Hans.
Da dreht sich dann ’s Weibel, da dreht sich der Bua,
Er nimmt sie beim Leibel und jugazt dazua.“

Aber geradezu Jubel erregte die Szene mit dem Praterwirt, von der der „Eipeldauer“ in seinen Briefen sagte: „Das is wieder ein Stuck zum Kranklachen! Im zweiten Aufzug lernt man die Wirtspfiff recht kennen. Da gibt der Wirt seinen Gästen statt bachene Händel – Kiniglhasen. Am ersten Tag hat er ihnen gar Katzen vorg’setzt; die werden aber jetzt vor lauter Mäusfangen keine Zeit zum Agieren haben. Es gehn deswegen auch eine Menge Wirt und Wirtinnen in das Stuck, damit s’ die Pfiff recht lernen.“ Als der Kellner bei der Ankunft der Gäste bedauert, daß sie keine Speisen hätten, sagt der

Wirt: A Rindfleisch is da, gibt man ihnen gleich einen recht sauren Salat dazu, so werden die Gäst durstig und vergessen aufs andre. Alsdann Rindfleisch und Salat und alsdann ein Eingemachtes. Da sollte freilich Krebsenschweifel dabei sein, aber weil i kane Krebsen nicht hab, so tut im Fall der Not Krebsenschäl gut und da hab i noch a ganze Schüssel voll von acht Tagen her – a bissel g’füllt, so geht’s a mit.

Seppel: Aber wo kriegn wir a Wildbret her?

Wirt: Das ist der Teufel! Weißt du was, da drüben bei der Nachbarin, da sitzen alleweil a paar Königlhasen; fang s' ab und bring s' mir; die will i zurichten wie die ersten Hasen. Geh, lieber Seppel, lauf! Schau nur, daß du mir die zwei Königlhasen bringst!

Seppel: In den Dienst bleib i kane acht Täg mehr. (Ab.)

Wirt: Und i will mi glei zum Kochen herrichten. He, Bub!

Kegelbub (kömmt): Was schafft der Herr?

Wirt (heimlich zu ihm): Da geb ich dir jetzt 24 Kreuzer, da drüben gleich ist eine Brotsitzerin, da bringst du mir um 12 Kreuzer Semmeln und um 12 Kreuzer Knackwurst. Aber lauf!

Bub: Will gleich wieder da sein. (Ab.)

Wirt: Aus den Knackwürsten lassen sich allerhand gefüllte Speisen machen. Du, Hansel, noch eins!

Bub (kömmt zurück).

Wirt: Da drüben bei meiner Nachbarin laufen alleweil a paar alte Henner rum, wenn du's so mit guter Manier abfangen konntest!

Bub: Die will i gleich haben!

Wirt: Aber du mußt halt achtgeben, daß dich kein Mensch sieht!

Bub: Schon recht. (Ab.)

Wirt: Vielleicht hilft mir der heutige Tag wieder auf. Sapperment, jetzt fallt mir noch was ein. He! Franzl! Franzl!

Hausknecht (kömmt).

Wirt: Du, sag mir einmal, wo sind denn die zwei Raben hinkommen, die mir gestern der Jager Michl g'schenkt hat?

Hausknecht: Die hab i g'rupft und einbazt.

Wirt: Das is recht. Jetzt mach du g'schwind Feuer, setz ein Wasser und Sauerkraut zu!

Hausknecht (ab).

Wirt: Die Raben steck i nachher ins Sauerkraut eini; die Leut müssen glauben, sie essen Rebhühnel und Fasanen.

Nicht minder beliebt wurde eine „Arie", in der der geschäftskundige Wirt seine angeblich in Fülle vorhandenen Speisen aufzählte:

„Schaffen Sie was Gut's, Ihr Gnaden?
Bin so frei, Sie einzuladen!
Schneckelsuppen, Kräutelsuppen,
Abgegoss'ne Knochensuppen,
Schwarze Suppen, weiße Suppen.
Einbrennsuppen, Einmachsuppen,
Rindfleisch, Bohnen, Kälberfüße
Und ein gutes Frikassee,
Kaiserfleisch mit Zugemüse
Und Pasteten mit Haschee!"

„Der Tyroler Wastel" machte die Runde über alle deutschen Bühnen und blieb ein Zugstück bis weit ins neunzehnte Jahrhundert, wie auch Schikaneders Opern, nicht nur „Die Zauberflöte", allgemein aufgeführt wurden. Goethes Interesse für „Die Zauberflöte" ist bekannt. Schikaneder schrieb noch eine große Zahl von Volksstücken, die nicht alle erhalten blieben. Der bis Ende 1796 sechsundsechzigmal aufgeführte „Tyroler Wastel" hat das Wiener Lokalstück tief und bedeutend beeinflußt; selbst viel spätere Stücke zeigen in ihrer Anlage deutlich die Abhängigkeit von ihm. Schikaneder nützte den Erfolg und ließ am 25. Oktober 1796 einen „zweiten Teil" aufführen: „Österreichs treue Brüder oder Die Scharfschützen in Tyrol", der bis Jahresschluß zweiundzwanzigmal gespielt wurde; die Einnahme der Premiere, 920 fl., widmete Schikaneder dem Fonds der Wiener Freiwilligen. Die durch die Kriegszeit entstandene Tirolerbegeisterung kam den Stücken zugute, sogar das Tirolerkostüm wurde für die Damen modern, und auf den Bällen konnte man dutzendweise „Tyrolermenscher" sehen. Die Lokalstücke Schikaneders sind fast alle ungedruckt geblieben. Eigentlich war schon „Der dumme Gärtner“ ein solches Volksstück, dessen fünf Fortsetzungen eben durch ihr Wienertum dauernd Erfolg hatten. „Der redliche Landmann“ (gedruckt Wien 1792) ist ein Kaiser Franz gewidmetes umgearbeitetes früheres Soldatenstück. „Die Waldmänner“ (1793, Musik von Kapellmeister Henneberg) haben ländliche Färbung. „Das abgebrannte Haus“ (1793) wurde ein Glanzstück durch Schikaneder in der Rolle eines immer betrunkenen Schusters; auch tut sich ein schwäbischer Schustergeselle hervor, womit eine ganze Tradition gefestigt wurde. Eine Fortsetzung dazu war „Der Hausfrieden“ (1794). „Der Fleischhauer von Ödenburg“, „Die bürgerlichen Brüder oder Die Frau aus Krems“ (1797) erneuern die Motive des „Tyroler Wastels“. Schikaneders Fruchtbarkeit und Fleiß sind erstaunlich. Ungedruckt sind „Die Fürstenmutter“ (1794), „Der Scherenschleifer“ (1795), „Die Kaufmannsbude“ (1796), „Das medizinische Konsilium“ (1797, Musik von Haibel), „Der Papagei und die Gans oder Die Titusperücken“ (1799), „Mutter und Tochter als Nebenbuhlerinnen“ (1790), „Das Medaillon“ (1800). In den „Ostindiern vom Spittelberg“ (1799) geben sich zwei Spaßvögel in geliehenen indischen Gewändern für Ostindier aus, dabei kam das berühmte Treiben in den „Hornerbierkneipen“ am Spittelberg auf die Bühne. „Der Teufel in Wien“ (1799) war ein unbarmherziger Wucherer, die Fortsetzung hieß „Die Reise nach Steiermark“. Witzig ist die Handlung des kleinen Lustspiels „Die Mittags- und Abendtafel im Prater“ (1800): Ein wegen eines Duells kassierter Hauptmann ist so arm, daß er schon einige Tage hungert. Sein Bedienter bestellt im Prater ein Mahl für acht Personen und sagt dem Wirt, „Werwil“ (wer will) werde bezahlen; er lädt dazu seinen Herrn und sieben fremde Spaziergänger, darunter einen Engländer, der zufällig Werwil heißt und willig bezahlt, und einen Landjunker mit zwei Töchtern, deren eine der Hauptmann heiratet. Schikaneder spielte den Diener.

Noch eine dritte Gattung Dramen kommt in Betracht, die sogenannten „Volksmärchen“, das sind ländliche Ritter- und Geisterstücke, die mit Motiven des Ritterdramas und der Zauberoper arbeiten und oft an lokale Sagen anknüpfen. Das erste derartige Stück war Henslers „Donauweibchen“, mit Musik von Ferdinand Kauer 1798 im Leopoldstädter Theater gegeben, das bald eine große Nachfolge hatte: „Die Teufelsmühle am Wienerberg“ und „Der Teufelsstein in Mödlingen“ von Hensler, „Der Bäckerjunge in Klosterneuburg“ von Stegmayer, „Das Sternenmädchen im Meidlinger Wald“ von Leopold Huber. Auch Schikaneder hat derartige Stücke geschrieben. Im Februar 1799 führte er sein Ritterschauspiel mit Gesang „Konrad Langbart von Friedburg oder Der Burggeist“ (Musik von Henneberg) auf. Die Ahnfrau des Geschlechtes Friedburg ist von ihrem Gatten, der sie beim Tanz mit fremden Rittern überraschte, erschlagen worden. Ihr Geist muß so lang im Schloß Magddienste verrichten, bis „der letzte Sproß“ des Stammes sie erlöst hat; das geschieht durch Standhaftigkeit gegen alle Versuchungen zur Wollust. Die Ahnfrau nähert sich Konrad Langbart als schmuckes Dienstmädchen und dieser, der sein Weib vergiftet hat und seinen Sohn töten wollte, erliegt der Versuchung. Auch Röschen, die Tochter eines im Tal wohnenden Müllers, will Konrad zu seiner Dirne machen; er schleppt sie ins Schloß und sperrt ihren Geliebten, den Müllerburschen Heinrich, in den Turm. Endlich will er noch ein Ritterfräulein, das mit einem andern verlobt ist, zwingen, ihn zu heiraten. Da tritt ihm die Ahnfrau entgegen und zwingt ihn zum Geständnis aller seiner Frevel; in Verzweiflung stürzt er sich von der Burgzinne. Heinrich wird von der Ahnfrau befreit und bleibt gegen alle ihre Versuchungen standhaft; es ergibt sich, daß er Konrads verschollener Sohn und also „der letzte Sproß“ ist — die Ahnfrau ist erlöst. Wir erblicken am Schluß ihr Grabmal mit der Flammenschrift: „Selig ruht Friedbergs Stammutter“. Das Stück hielt sich lang und wurde noch 1814 — in der für

Grillparzers „Ahnfrau“ wichtigsten Zeit — im Leopoldstädter Theater gegeben.

Auch die 1800 aufgeführten Volksmärchen „Die Spinnerin im Gatterhölzel oder Der Stock im Eisenplatz“ und „Amors Schiffchen in der Brigittenaue“ gehören hierher — sie beweisen die unermüdliche Rührigkeit Emanuels auf allen Gebieten.

AUF DER WOGE DES LEBENS ARBEIT UND SORGE, LEISTUNG UND ANERKENNUNG, VERDRUSS UND KRÄNKUNG

Über den Verlauf von Schikaneders Direktionszeit im Freihaus kann gesagt werden, daß er mit bestem Willen, mit Geschick, Fleiß, Geduld und Ausdauer alles getan hat, um sein Publikum zufriedenzustellen, aber zugleich der Kunst zu dienen — wie einst auf der Wanderschaft war er der Eifrigste im ganzen Betrieb; als Schauspieler, Sänger, Dichter und Regisseur hat er ehrliche, tüchtige Arbeit geleistet. Ein Überblick lehrt uns erkennen, wie wertvoll die Gründlichkeit und Mannigfaltigkeit dieser Arbeit war. „Die Zauberflöte“ war nicht ein zufällig erhaschter Vogel, der dann als Lockvogel ausgenützt wurde, sondern sie war das Ergebnis seines Strebens und der Lohn für seinen Eifer. Ein Zeitgenosse berichtet über ihre Zugkraft: „In Wien fangen die Theateraufführungen um 7 Uhr an. In den ersten 14 Tagen mußte man schon um 5 Uhr seinen Platz suchen, denn etwas später mußten die Menschen zu Hunderten abgewiesen werden, weil das Haus voll war. Erst in der dritten Woche konnte man sich mit Mühe um 6 Uhr ein Plätzchen erkämpfen. 62mal nacheinander wurde das Stück aufgeführt und immer blieb der Zulauf derselbe.“ Am 23. November

1792 kündigte Schikaneder die hundertste, am 22. Oktober 1795 die zweihundertste Aufführung der „Zauberflöte" an. Das Theater wurde bald eine Opernbühne ersten Ranges. „Die Entführung aus dem Serail", „Der Schauspieldirektor" wurden aufgeführt, „La Clemenza di Tito" konzertmäßig, „Die Hochzeit des Figaro", „Don Juan oder Die redende Statue" und „Die Schule der Liebe oder So machen es alle" in deutscher Sprache — die Bearbeitung des „Don Giovanni" durch Christian Heinrich Spieß weist eine auffällige Umbenennung mancher, aber nicht aller Personen auf: aus Donna Elvira ist Donna Laura, aus Donna Annas Bräutigam Don Ottavio ist „Don Gonsalvo, ihr Verlobter" geworden, Leporello heißt Francesco, Masetto und Zerlina entsprechen „Pedro und Clara, verlobte Bauersleute". Bei den Aufführungen 1792 sangen Gerl den Don Juan, Madame Wipfel die Donna Anna, Josepha Hofer die Donna Laura, den Francesco Mozarts Schwager Haibel, den Bauer Pedro Urban Schikaneders Sohn Karl, das Bauernmädchen Clara Madame Mörtsch, den „Don Gonsalvo" Schack. In der Verdeutschung des „Figaro" haben die Personen ihre Namen behalten; die Besetzung von 1792 war: Figaro — Gerl, Gräfin — Hofer, Susanne — Madame Martin, Cherubin — Madame Mörtsch, Barbarina — Demoiselle Holzhausen, Graf Almaviva — Schack. 1793 schied Schack aus dem Verband des Theaters, 1794 folgte ihm Gerl. Außer Mozarts Opern wurden gegeben: Haydns „Ritter Roland", Winters „Helena und Paris", Bendas „Ariadne auf Naxos"; „Der Gutsherr", „Das rote Käppchen" und „Betrug durch Aberglauben" von Dittersdorf und die Singspiele Hillers. Dazu kamen Zauberstücke, Ritterdramen und Soldatenschauspiele, Kinderballette, große Konzerte und Akademien.

Aber zugleich mit geschäftlichem Emporkommen und anerkannter Leistung auf musikalischem und theatralischem Gebiet regten sich Haß und absichtliche Kränkung und verleideten die Lust an der geliebten Bühnenarbeit. 1792 erschienen von „Emanuel Schikaneders sämtlichen theatralischen Werken" die ersten zwei Bände, enthaltend die Ritterstücke und einige Lustspiele. Das Urteil der Kritik war vernichtend. Die Jenaische „Allgemeine Literaturzeitung" verhöhnte ihn als den berühmten Mann, der sein Publikum mit Menschen, die wie Tiere aussähen, mit Tieren, die Menschenverstand hätten, mit Zauberern und Einfaltspinseln belustige, und nannte ihn „einen vollkommen elenden dramatischen Sudler". Sein einstiger Ruhm als Schauspieler galt nichts gegen das Verdammungsurteil über ihn als Dichter. Ein einziger Mann, der Schriftsteller Ludwig von Baczko in Königsberg, der blind war und daher „Die Zauberflöte" nur hören, nicht sehen konnte, urteilte auf Grund des Gesangs und der Musik und behauptete im „Journal des Luxus und der Moden", die Oper sei eine Allegorie des Kampfes zwischen Vernunft und Aberglauben und jede Person stelle eine Leidenschaft oder Tugend vor. Sonst aber verdammte man Schikaneder als den Dichter der „Zauberflöte", deren Text man allgemein für läppisch und einen sprachlichen Frevel erklärte — eine „Wassersuppe", „das albernste Zeug" — Mozart und Schikaneder „ständen beisammen wie Apollo und ein Satyr"; dadurch wurde sein Name dauernd mit Wien in Verbindung gebracht, man gewöhnte sich, ihn als Vertreter der Unbildung und des „Spektakelstücks" zu tadeln — „schikanederisch" nannte man jedes Stück, worin es neben läppischem Witz hauptsächlich auf leeren Prunk und Aufwand ankam; der Name wurde zur Bezeichnung der Gattung, zum Schlagwort, und als solches finden wir ihn bei A. W. Schlegel, Tieck, Kotzebue, Jean Paul, Börne und anderen, die sich über ihn (als für die Wiener Volksdramatik Verantwortlichen) empören oder lustig machen.

Aber auch in Wien fing die Wühlarbeit der neidischen Feinde an; man beschuldigte Schikaneder der Eitelkeit, der Unterdrückung talentierter Künstler, schürte gegen ihn, indem man zuerst über ihn dieselben Lügen über unsittlichen Lebenswandel verbreitete, die auch über Mozart verbreitet wurden, und zuletzt behauptete, er habe Mozart mit der „Zauberflöte“ aus Gewinnsucht betrogen und „ausgesogen“. Das ist unmöglich, denn bei Mozarts Tod war die — außerhalb Wiens erst 1792, in Deutschland erst 1793 aufgeführte — Oper keineswegs berühmt; nie kann Mozart ausgerufen haben: „Der Lump!“, nachdem er erfahren hatte, Schikaneder habe die Partitur „nach Deutschland verkauft“. Wahrscheinlich erfüllte Emanuel die immer steigenden Forderungen der Mozart-Witwe nicht; die Schmähungen der erbosten Frau und ihres späteren zweiten Mannes Nissen, der schon vor Mozarts Tod dessen Wohnungsnachbar in der Rauhensteingasse gewesen war, wurden von Schikaneders Feinden begierig weitergetragen und aufgebauscht.

Der Verleumdete arbeitete wacker weiter, er führte Shakespeare auf („Romeo und Julia“, „Der Widerspenstigen Zähmung“), das Theater wurde „um ein Stockwerk erhöht und neu verziert“; Jahr um Jahr stieg, ungetrübt durch feindliche Intrigen, die Gunst des Publikums. Seine Stücke konnten nicht oft genug gespielt werden. Um „Die Waldmänner“ zu sehen, ließ man sich halb totdrücken; dieses Stück wurde auch in der Provinz überall bei vollen Häusern gegeben. „Der Spiegel von Arkadien“ erregte allenthalben großes Entzücken, Schikaneders Werke wurden auch außerhalb Österreichs Zug- und Kassenstücke. Aber dauernd zerfleischte die Kritik den Verfasser und schob die Schuld am Bühnenerfolg auf den schlechten Geschmack des „großen Haufens“. Die Zeitschriften wetteiferten in Schmähungen, sie erklärten, er habe den „Stein der Weisen“ nicht erfunden, sein Lustspiel „Lumpen und Fetzen“ entspreche ganz dem herrlichen Titel, die „Postknechte“ seien „ein unflätiges Prügelstück, eine wahre Kasperliade“, „Der wohltätige Derwisch“ sei „das abenteuerlichste Opfer, das Schikaneders Aftermuse dem herrschenden Geschmack bringen konnte“, „Der Spiegel von Arkadien“ habe sie überzeugt, daß „Meister Schikaneder täglich zum Tollhaus reifer werde“. In Reisebeschreibungen wurde Schikaneder erwähnt wie eine originelle Wiener Sehenswürdigkeit; in den „Vertrauten Briefen zur Charakteristik von Wien" (Görlitz 1793) wurde erzählt, Schikaneder führe in seinem Theater zwar die größten deutschen Schauspiele und Opern auf, aber er „kastriere" diese zur Belustigung des Publikums und „versehe sie mit komischen Zwischenszenen, darin der Casperle sich zeigen kann". Auch habe er selbst Opern verfaßt, die sich durch „abenteuerliche Szenen, burleske Handlungen und widernatürliche Auftritte" auszeichnen; darin seien Götter, Geister, Menschen und Tiere aller Art untereinander gemischt, auf den Schlag der Zauberrute träten Sylphen, Gnomen, Faune, Najaden, Tritonen und Furien auf; leblose Dinge schwatzten besser als die Götter des Olymps. „Die Zauberflöte" sei „ein lächerliches, widersinniges und fades Produkt, dabei der Verstand stillestehn und die Kritik erröten muß" und das ohne Mozarts Musik vergessen und verachtet wäre. Der einst berühmte Akteur und „Direkteur" wurde, seit er „Direkteur" eines Theaters in Wien geworden war, im ganzen „Reich" verspottet.

Unter allgemeiner Zustimmung schickte sich endlich ein Mann an, Schikaneders Stücke durch Umarbeitung und Verbesserung dem gebildeten Publikum genießbar zu machen: Christian August Vulpius, der während Goethes Theaterleitung die neuen Opern einrichtete und bearbeitete. Der Verbesserer machte sich die Arbeit leicht: Er änderte die Akteinteilung, setzte an Stelle guter Witze schlechte, pfuschte am wienerischen Humor plump herum, entfernte Leben und Schwung und ließ dann das Stück, die „Verbesserung" des schlechten Originals prahlerisch betonend, unter seinem Namen drucken. Außer Schikaneders Opern hat er den „Oberon", Perinets „Fagottisten" und „Neusonntagskind" in dieser Weise bearbeitet und in der Vulpiusschen Fassung sind diese Stücke dann erst in Weimar und auf andern deutschen Bühnen gegeben worden.

Zuerst bearbeitete Vulpius „Die Zauberflöte", sie wurde in

seiner Fassung in Weimar mit großem Erfolg aufgeführt. Die Kritik lobte es, daß er die undankbare Arbeit übernommen habe, das Stück „mit Beibehaltung der schönen Musik umzuarbeiten, einigen Plan und hie und da ein wenig Menschensinn hineinzubringen". Ein Vergleich des echten Textes mit Vulpius' Machwerk ist lehrreich — letzterer läßt Papageno nicht: „Der Vogelfänger bin ich ja" singen, sondern: „Seht, Papageno ist schon da"; bei ihm ist die nächtliche Königin die Schwägerin Sarastros, Pamina also dessen Nichte; Sarastros Rede in der Versammlung der Priester klingt, als erkläre ein Pastor seinen Familienklatsch und sorge als wohlwollender Onkel dafür, Pamina mit einem frommen Bräutigam zu verheiraten; Tamino besteht die schweren Prüfungen wie ein Beamter, der in seinem Büro Akten erledigt — und was Vulpius sehr dünkelhaft darüber faselt, daß Tamino nicht von einer Schlange, sondern von einem Drachen verfolgt und durch „Dampf" betäubt werden müsse, ist ein Beweis für die völlige Unfähigkeit des weimarischen Rinaldo Rinaldini.

In der Vorrede zum „Spiegel von Arkadien" verwahrte sich Schikaneder gegen die Vergewaltigung seines Operntextes. Vulpius antwortete sehr tatkräftig: Wenige Wochen nach der Erstaufführung des „Spiegels von Arkadien" brachte die Zeitschrift „Rheinische Musen" die Nachricht, auch diese Oper werde von Vulpius bearbeitet; nach einem Jahr aber gaben alle Theater Deutschlands die Oper „Die neuen Arkadier" von Vulpius, der in dem Vorwort zu „seiner" Oper sich vernichtend über Schikaneder aussprach und erklärte, er habe den Dialog größtenteils neu für gesittete und deutsche Zuschauer geschrieben, auch die Verse allenthalben abgeändert. Zugleich erschien in den „Rheinischen Musen" ein gegen Schikaneder gerichteter Artikel von Vulpius, der die Oper „ein Chaos von Unsinn und Plattheiten" nannte; „... wahrlich, die Wiener sind geduldig, da sie so abgeschmackte Dinge anhören können!" Während Schikaneder weiter eine Fülle sehens- und hörenswerter Stücke aufführte — Lust- und Singspiele, Zauber- und Ritterdramen und seine neuen Prachtopern, dazu alle früheren Opern und die Darbietungen eines neu engagierten Ballettkorps –, setzte die Kritik ihren Kampf gegen ihn fort. Er hatte in einem der Buchausgabe des „Königssohns aus Ithaka“ beigegebenen „pro memoria“ Vulpius scharf angegriffen. Darauf erschienen in den „Rheinischen Musen“ aus Vulpius' Feder „Ein paar Worte über die Oper ‚Der Königssohn aus Ithaka‘ und deren neue Bearbeitung“, worin er erklärte, er habe auch hier die Umarbeitung nur der schönen Musik Hoffmeisters zuliebe übernommen. Die Bearbeitung erschien 1797 als „Telemach, Prinz von Ithaka“ und die „Allgemeine Deutsche Bibliothek“ brachte eine für Schikaneder vernichtende Parallelbesprechung beider Opern. Überdies erschien im Gothaischen Theaterkalender ein „Opern-Unsinn“ betitelter Aufsatz mit der Unterschrift „V“, worin Vulpius über Schikaneder gründlich schimpft: Er nennt den „Königssohn“ ein „Gemengsel von Unsauberkeiten, Unsinnigkeiten und Plattheiten“, ist empört über das Auftreten der zwei Bären und darüber, daß Schikaneder einen Griechen „Potz Donner“ fluchen und vom „Teufel“ sprechen lasse; er wettert über das „entsetzliche Deutsch und die eklen Provinzialismen des erbärmlichen Opernschmieds“ und nennt dessen Verse „Ausdrücke der Gassenfeger“.

Die nächsten Jahre brachten dem Theater Triumph auf Triumph: „Der Tyroler Wastel“, „Babylons Pyramiden“, „Das Labyrinth“ machten volle Häuser; Lustspiele, Operetten, Zauber- und Ritterstücke wurden aufgeführt, Schikaneder schrieb ein neues Stück um das andre, seinem Beispiel folgten manche von den Schauspielern. Besonderen Erfolg hatten die vom Bassisten Friedrich Sebastian Mayer verfaßten Zaubermärchen „Mina und Salo oder Die unterirdischen Geister“ und „Rosalinde oder Die Macht der Feen“. Mayer trat häufig zusammen mit Josepha Hofer auf (Sarastro und Königin der Nacht, Selim und Konstanze, Jupiter und Juno im „Spiegel von Arkadien“) und wurde nach Hofers Tod 1797 Josephas zweiter Gatte; sie blieb weiter eine

Stütze des Ensembles. Bemerkenswert ist, daß Schikaneder Shakespeares „Macbeth" in prachtvoller Ausstattung aufführte, aber mit der Vorstellung des Schauspiels „Die Geschwister" von Goethe ein mit Liebe und Sorgfalt betreutes Miniaturbild gefühlvoller Zärtlichkeit schuf — er war, obwohl von mißgünstigen Kritikern beschimpft, ja doch in allen Sätteln gerecht und ein untrüglicher Instinkt ließ ihn in jeder Einzelheit das Richtige treffen. Das wurde auch in Wien von gerecht Urteilenden anerkannt.

Das Theater war nicht bloß eine Heimstätte der Oper, sondern auch ein Konzerthaus. Die regelmäßig vom Theaterorchester veranstalteten musikalischen Akademien wurden von dem aus begeisterten Musikfreunden bestehenden Stammpublikum und von ganz Wien besucht; sie waren bald bekannt und blieben dauernd beliebt. Von den erhaltenen Programmen muten manche ganz modern an. Sie enthalten meist Symphonien von Joseph Haydn und Mozart, Kompositionen für einzelne Instrumente und Gesangsnummern, aber auch Oratorien und konzertmäßig aufgeführte Opern. Am 25. März 1797 wurde in einer „Akademie des Theaterorchesters" Haydns Opera seria „Armida" und im Zwischenakt eine Symphonie von Mozart gespielt; das Programm vom 27. Oktober 1798 umfaßt die Ouvertüre zur „Zauberflöte", vier vom Bassisten Karl Ludwig Fischer gesungene Arien, darunter „In diesen heiligen Hallen", Beethoven spielte sein erstes Klavierkonzert C-Dur op. 15, den Schluß bildete Haydns „Symphonie mit dem Paukenschlag". Die Akademie vom 5. November 1798 brachte wieder vier von Fischer gesungene Arien, der Geiger Schuppanzigh spielte ein Violinkonzert von Viotti, zuletzt gab es wieder die „Symphonie mit dem Paukenschlag". Diese Konzerte dürfen nicht unterschätzt werden; sie beweisen Schikaneders Bedeutung für das Wiener Musikleben und den Wert seines Orchesters, bilden ein wichtiges Glied in der Kette der Entwicklung, und wir können sie einen Vorläufer der späteren „Philharmonischen Konzerte" nennen.

KAMPF UND SIEG

Die Jahre 1799 bis 1800 steigerten die Leistungen ins Unglaubliche. Opern, Zauberdramen, „Volksmärchen" entstanden in Fülle. Schikaneder selbst, sein Theaterdichter Voll, sein Schauspieler Stegmayer und der von Marinelli zum Freihaus übergegangene Perinet arbeiteten wie in einer Fabrik, zur Zeitersparnis wurden Opern aktweise von zwei Komponisten in Musik gesetzt. Perinet lieferte „Astaroth der Verführer", „Der Kampf mit dem Fürsten der Finsternis"; Stegmayer „Der rote Geist im Donnergebirge"; Schikaneder „Mina und Peru oder Die Königspflicht"; Voll „Fausts Leben, Taten und Höllenfahrt" – alles Stücke voll Zauberei, Maschinenkunststücken und phantastischer Szenerien. Die Ritterstücke stammten gleichfalls meist von Mitgliedern des Theaters (Stegmayer: „Edelmut und Scheingröße", Schikaneder: „Konrad Langbart oder Der Burggeist", F. S. Mayer bearbeitete Rambachs „Otto mit dem Pfeile", Perinet den „Rinaldo Rinaldini"), ebenso die Lustspiele (Schuster, Weidmann, Schildbach, Perinet; von Schikaneder wurden im Jahr 1799 vier neue Lustspiele gegeben).

Bis Ende 1799 waren seit ihrer Premiere aufgeführt worden: „Die Zauberflöte" zweihundertvierzehnmal, „Der Tyroler Wastel" hundertneunmal, „Der Spiegel von Arkadien" zweiundneunzigmal, „Die Waldmänner" einundneunzigmal, „Babylons Pyramiden" zweiundfünfzigmal, „Das Labyrinth" zweiundvierzigmal, „Österreichs treue Brüder" zweiunddreißigmal, „Der Höllenberg" achtundzwanzigmal.

Die bei diesen Vorstellungen durchgeführten Bühnenkunststücke erschienen dem Besitzer des Freihauses, Fürsten Starhemberg, schließlich zu feuergefährlich — er wäre das Theater gern losgeworden und deutete an, daß er vorhabe, den Mietvertrag nicht zu erneuern. Dagegen hätte Emanuel nichts gehabt, denn ihm waren die beschränkten Raumverhältnisse des Theaters längst zu klein geworden — er mußte sich nur gegen die Gefahr plötzlicher Obdachlosigkeit schützen. Die übergroßen Einnahmen hatten ihn zum zügellosen Verschwender gemacht, das Geld zerrann in seinen Händen, er geriet tief in Schulden. Da fand er zur rechten Zeit einen Helfer. Der Freimaurer Bartholomäus Zitterbarth (1757 bis 1806), ein reicher Kaufmann, der gern Theaterdirektor sein wollte, ließ sich von Schikaneder überreden, übernahm am 1. März 1799 das Theater „mit allen darauf haftenden Schulden", behielt den unentbehrlichen Emanuel als „artistischen Direktor" bei, und das Theater wurde „unter der Direktion der Herren Zitterbarth und Schikaneder" weitergeführt. Scheinbar hielt sich der Betrieb auf gleicher Höhe — und als ihm im April 1800 vom Fürsten der Vertrag wegen Feuergefährlichkeit gekündigt wurde, da verzweifelte Emanuel nicht, denn er baute auf die Gunst des Publikums und wußte, daß er in Zitterbarth einen Geldmann hatte, der sich, wenn man auf seine Ideen einzugehen schien, als Werkzeug zur Verwirklichung kostspieliger Pläne benützen ließ. Er faßte die Gelegenheit beim Schopf: Noch im April bat er den Kaiser Franz in einer Audienz um die Bestätigung seines 1786 von Kaiser Joseph erteilten und 1792 von Leopold II. bestätigten Privilegiums. Der Kaiser erneuerte zwar das Verbot, auf dem Glacis zu bauen, bestätigte aber die Erlaubnis, „zu bauen, wie, wo und wann er wolle". Der leichtgläubige Zitterbarth, der sich ganz von Schikaneder beraten ließ und schon dessen sämtliche Schulden bezahlt hatte, kaufte nun das dem Freihaus benachbarte Haus „an der Wien Nr. 26", an dessen Stelle der Grundstein für ein neues Theater gelegt wurde. Hier sollte Emanuels kühnster Traum, das „Theater an der Wien", durch Stein und Mörtel erfüllt werden.

Schon war der Lokalaugenschein durch die Stadthauptmannschaft vorgenommen, da erhob plötzlich der Pächter der Hoftheater, Baron Peter von Braun, Protest gegen den Bau, da nach seinem „Theaterpachtkontrakt mit dem a. h. Hofe kein neues Theater erbaut noch ein bestehendes von seinem Standort versetzt werden dürfe". Dieser Protest erfolgte wohl im Sinn einer ganzen Gruppe von Feinden Schikaneders, die diesen gern ganz ohne Theater gesehen hätte. Jedoch die Hofkanzlei vertrat den Standpunkt, Brauns Kontrakt sei von 1794, Schikaneders Privilegium aber 1786 erteilt und 1790 erneuert worden, und der Kaiser entschied mit a. h. Entschließung vom 19. April 1800: „Dem Schikaneder will ich die Erbauung eines Theaters gestatten; die Vorstellung des Freiherrn v. Braun aber ist ohne Erteilung eines Bescheides ad acta zu legen."

Und nun ging es flott ans Bauen. Allgemein bewunderte man den schnellen Fortschritt des Baues, scharenweise wanderten die Wiener zum „neuen Komödienhaus"; der Eipeldauer begrüßte es mit Freuden, daß „das Theater schon die ganze Kappen auf hat" und über die andern Häuser wegguckt. Schikaneder, jetzt nur noch „artistischer Direktor" des Freihaustheaters, ließ den ganzen bühnentechnischen Apparat genau nach seinen Angaben ausführen. Als der gehässige Baron Braun am 24. Februar 1801 eine Aufführung der „Zauberflöte" „in verdeutschter Form" im Kärntnertortheater ankündigte und auf den Anschlagzetteln Schikaneders Namen nicht nannte und dessen Feinde die szenisch ganz mißglückte Aufführung jubelnd begrüßten, trat Schikaneder den Beleidigern nicht entgegen, sondern parodierte nur nach einiger Zeit in einer Art Gegenvorstellung im Freihaus die szenischen Malheurs, die Baron Braun passiert waren: So konnte die entzauberte Papagena nicht aus ihrem Hexenkittel, und Schneidergesellen kamen ihr unter Verbeugungen zu Hilfe; die Königin der Nacht mußte, da die Versenkung offenbar nicht funktionierte, herauskriechen und schmählich in den Kulissen verschwinden. Zugleich zeigte Schikaneder an, er werde nach Vollendung des Theaters an der Wien zeigen, wie *er*, der Schöpfer der „Zauberflöte", diese Oper aufführen könne. Ein anonym erschienenes Flugblatt (von Perinet): „Mozart und Schikaneder, ein theatralisches Gespräch über die Aufführung der Zauberflöte im Stadttheater, Wien 1801" enthält eine Abrechnung mit Schikaneders Neidern. Mozart sagt da, durch drei Posaunenrufe auferweckt:

„Du hast verstanden, was ich kann und vermag,
Du warst ein Freund vom echten Schlag.
Lache dazu, wenn man jetzt schimpft oder flucht,
Ich war ja zu hab'n, warum hab'n s' mich nicht g'sucht?
Du hast mich gesucht, und ich hab' dich gefunden,
Wir lieferten was Großes, zusammen verbunden:
Da standen sie nun mit offenen Mäulern und Nasen
Und wollten am End' ihr Gift auf dich blasen."

Ein anderes Gedicht „Über das neue Schauspielhaus unter der Direktion des Herrn Emanuel Schikaneder, Wien 1801" enthält die Verse:

„Jedes Edlen Dank verdienet
Nun der Mann, der Kunst und Fleiß
Zur Erheiterung des Bürgers
Einzig einzurichten weiß.
Dieser Mann ist Schikaneder –
Ihn besucht mit Freuden jeder,
Selbst so mancher Misanthrop.

Und sein großes Unternehmen
Führte er doch endlich aus,
Und nun steht es zum Erstaunen
Da, das neue Schauspielhaus! –
Pracht, Bequemlichkeit und Zierde
Zeugen von des Künstlers Würde
Hier in seinem Heiligtum!"

Am 11. Juni 1801 fand die letzte Vorstellung im Freihaustheater statt. Schikaneder gab ein selbstverfaßtes Gelegenheitsstück „Thespis" — ein flott geschriebenes Werkchen in griechischem Kostüm, in der er selbst als „Thespis, ein griechischer Schauspieldirektor" auftrat.

Thespis ist durch die Intriganten Kallisthenes und Agathokles aus Ikaria vertrieben worden; unter Agathokles, der um seines Vorteils willen Thespis bei den Großen in Athen anschwärzte, ist wohl Baron Braun gemeint. Die Handlung ist ziemlich verwickelt. Thespis, der seine Schauspieler „meine Kinder" nennt (das war Emanuels Gewohnheit), wird von diesen als „Vater Thespis" angesprochen; Kallisthenes setzt Thespis' Ausweisung beim Senat durch, die ganze Gesellschaft ist mutlos — da bringt „Thespis' schützender Genius" Wein „von einem unbekannten Freund", Thespis trinkt, fühlt sich verjüngt und mutig, ruft seine Schauspieler zusammen und sagt lächelnd: „Bin noch nicht von aller Welt verlassen, wie gewisse Leute dachten; nein, jetzt will ich erst ausführen, was mir schon längst im Kopf herumlief!" Er beschließt, mit den Acteurs nach Athen zu reisen; das Theater wird abgebrochen, alle packen ihre Mantelsäcke.

Der Sohn des Kallisthenes und dessen Geliebte, die Schauspieler werden wollen, bitten um Aufnahme; da sagt Thespis (wie Karl Moor zu Kosinsky): „Hast du aber auch, eh' du diesen Schritt wagtest, das Verhältnis des inneren Wertes berechnet? Freund! Die Außenseite flimmert oft in manchem Stande und keine mehr als die des Schauspielers, aber wirf diese Flitterseite von dir und blicke mit Wahrheit, mit Überlegung auf das Innere und du wirst zurückbeben!" Vielleicht noch persönlicher ist, was Thespis über die Darstellung sagt: „Darum sei jedem, der der Bühne sich weiht, diese kleine Regel stets seine Richtschnur:

„In jeder Leidenschaft studiere die Natur,
Gib durch den Ausdruck stets Gesinnungen die Kraft;
Flieh immer Frost und Zwang, halt dich an Wahrheit nur,
Die Stellung, Miene, Ton sei ganz in deiner Kraft;
Geist der Philosophie, Geschmack, Gefühl der Kunst,
Dies ist Dramaturgie, das andere ist Dunst. –
Nimm Praxis zu der Theorie
In Ton, in Stellung und Gebärden,
Dann wirst du auch ihr Liebling werden."

Auch ein vom Theaterdiener gesungenes Lied verdient Erwähnung:

„Viel Larven gibt es auf der Welt,
Nicht auf der Bühne nur,
Die jeder vors Gesicht sich hält,
Als wär' es so Natur.

Die Unschuld weiß, Lieb' himmelblau,
Schwarzbraun der Zorn, die Dummheit grau,
Die Hoffnung grün, blaßrot die Freud',
Und sehn Sie her: Gelb ist der Neid!

Wohl dem, der eine Larve hat,
Der kommt am besten draus.
So auf dem Land, wie in der Stadt,
Nicht nur im Schauspielhaus.
Er nimmt die Larve vors Gesicht
Und so kennt ihn der Teufel nicht;
Er scheinet oft der beste Freund,
Doch deckt die Larve einen Feind!"

Zuletzt sagt Thespis: „Wir genossen in diesem Städtchen lange Zeit die Gunst hoher Gönner, dankt ihnen in meinem Namen. Ich lege hier meine Hand an dies Herz und schlafe, bis mein guter Genius mich weckt!" Schikaneder legte sich auf den Mantelsack und schlief, die Schauspieler nahmen in einem Quartett Abschied vom Publikum und schlossen mit den Worten: „Wir sehen uns ja morgen im glücklichen Athen!" Dann trat der Genius neben den Schlafenden und dankte nochmals, er schloß:

„Und habt ihr freie Stunden,
So schenkt sie ihm, wie hier,
Der Weg ist nicht zu weit,
Der Fluß auch gar nicht breit,
Ein Sprung, und ihr seid da!
Nicht wahr, ihr saget ja! –

Er soll zum Anfang dort
Ein Heldenstück euch geben;
Es ist von ihm verfaßt,
In Reimen abgesungen.
Es nennt sich ‚Alexander',
Der Erde größter Held."

Das waren die letzten auf der Bühne des Freihaustheaters gesprochenen Worte. Unter einem „Tusch von Trompeten und Pauken" senkte sich der Vorhang vor dem schlafenden Schikaneder-Thespis.

DAS THEATER AN DER WIEN

Es war eine schwere Zeit für einen Geschäftsmann. Halb Europa war im Krieg oder mußte ihn bang erwarten; die Siege Napoleons erfüllten friedliche Völker mit trüben Ahnungen. Aber man durfte sich nicht entmutigen lassen.

Die Eröffnungsvorstellung am 13. Juni 1801 übertraf alle Erwartungen. Wien war verblüfft. Machte schon das Äußere des Hauses einen ungewöhnlichen, mächtigen Eindruck, noch mehr wirkte die breite und tiefe Bühne, deren Geräumigkeit ein Wunder schien. Der Vorhang ging glatt und geräuschlos auf und nieder, die Kulissen, bisher von der Seite hereingeschoben, erschienen und verschwanden lautlos von oben und unten. Die „Wiener Zeitung" (1801, Nr. 50) urteilte: „Das Theater fiel übereinstimmend in allen seinen Teilen sehr geschmackvoll und schön aus, solchergestalt, daß es eine allgemeine Verwunderung und Zufriedenheit verursachte." In einem Vorspiel „Thespis' Traum" wurden die Feinde durch den Genius vertrieben, Thespis verwandelte sich in Schikaneder, der um die weitere Gunst des Publikums bat. Dann folgte die Oper „Alexander", komponiert von „Franz Tayber, Kapellmeister dieses Theaters" (der Schikaneder schon auf den Wanderzügen begleitet hatte); als Alexander der Große und Kiasa, Königin von Indien, sangen zwei neu engagierte Mitglieder, Herr Simoni und Madame Campi. Schikaneder hatte als Textdichter seiner Phantasie die Zügel schießen lassen; in Massenszenen traten „indianische Heeresführer und Soldaten, indianische Jäger und Mädchen, Hofdamen, Edelknaben und Volk" auf. Der Theaterzettel teilte mit: „Die beyden Vorder-Cortinen sind von Herrn Scheuerer, Landschaftsmaler. Die übrigen Dekorationen, Architekturen und Lager sind von

Herrn Vinzenz Sacchetti. Die Landschaften sind von Herrn Gail d. Jüngeren. Die Einrichtung des Inneren der Bühne ist von der Ausführung des Herrn Stögers, Maschinisten dieses Theaters." Die Preise waren: Logen im Parterre und ersten Stock für sechs Personen 4 fl., erstes Parterre und erste Galerie 36 kr., ein gesperrter Sitz auf dem Parterre noble oder der ersten Galerie 48 kr., gesperrte Sitze auf der zweiten Galerie 36 kr., dritte Galerie und zweites Parterre 20 kr., vierte und letzte Galerie 9 kr. Die Vorstellung begann um sieben Uhr. Die Aufführung war von blendendem Prunk; zum Schluß erschien ein Triumphzug: Alexander und die Königin von Indien in einem goldenen Wagen, gefolgt von vierzig berittenen Trabanten.

Mit welch umfassendem Eifer Schikaneder tätig war und wie er jede Möglichkeit bedachte und benützte, beweist folgende Maßnahme: Am 12. September 1801 enthielt der Theaterzettel — aufgeführt wurde Schikaneders „Grandprofoß" — die Mitteilung: „Nachricht. Da es nicht in der Gewalt der Theater-Direktion steht, dem gnädigen Publikum immer eine hinlängliche Anzahl von Wägen zu sichern, hat man doch zur Bequemlichkeit desselben die Anstalt getroffen, daß man bey einfallender übler Witterung im Theater-Haus mit *Parapluie versehen* werden kann. Der Übernehmer erlegt den Wert per 3 fl., beliebt das Parapluie den nächsten Morgen bis 9 Uhr entweder im Theater-Haus oder in der Stadt auf dem Graben, im von Trattnerischen Freyhof, im Gewölbe des Herrn Joseph Zitterbarth zurückzuschicken und erhält 2 fl. 48 kr. zurück." Man konnte also auf diese Weise, wenn man das Theater ohne Schirm besucht hatte, den Rückweg auch bei inzwischen eingetretenem Regenwetter trocken zurücklegen; die Leihgebühr von zwölf Kreuzern (der Gulden „Konventionsmünze" hatte 60 Kreuzer) war nicht hoch, und man brauchte den Schirm nicht unbedingt im Theater zurückgeben, sondern konnte dies in der Stadt, im Geschäft von Bartholomäus Zitterbarths Bruder besorgen — die Direktion aber hatte, da die Kaution erlegt werden mußte, kein Risiko, doch eine schöne Nebeneinnahme.

Das allgemeine Lob, das man Schikaneder für sein Theater spendete, wurde überboten durch das Aufsehen, das die von ihm besorgte Trutzaufführung der „Zauberflöte“ am 4. Jänner 1802 machte. Er bezeichnete sich auf dem Theaterzettel als den „Vater“ dieser Oper, die szenische Pracht der Vorstellung war überwältigend: Als bei der Prüfung der Liebenden „ein Feuermeer und eine gegen die Wolken aufsteigende Flammen-, Dampf- und Rauchsäule sich in schäumende Wellen und einen mit Ungestüm in dieselben herabstürzenden Strom augenblicklich verwandelte“, waren die Zuschauer betäubt. Ruhmvoll war Schikaneders Name in aller Mund, und Tausende drängten sich „zur neuhergestellten Zauberflöte“.

Aber das war nur ein scheinbarer Aufschwung. Die Gegner suchten ihm zu schaden, wo sie nur konnten. Durch das Gefühl des Verfolgtwerdens in dauernder Aufregung, übertrieb Schikaneder immer mehr sein wüstes Prasserleben; auch mußte er sich über den rastlos zankenden Zitterbarth ärgern, der sich stets vordrängte und bald unter den Schauspielern viele Anhänger hatte. Verschwendungssucht, Größen- und Verfolgungswahn regten sich in ihm. Das Schlimmste aber, was ihn treffen konnte, traf ihn — er merkte, daß das Publikum anfing, ihm die Gunst zu entziehen. Seine neuen Stücke — „Der Goldmacher“, „Die Entlarvten“ (Fortsetzung der „Waldmänner“), das Singspiel „Tsching, tsching, tsching“ (das den Titel von einer darin vorkommenden Schlittenfahrt hatte) machten die Zuhörer stutzig wegen der unzusammenhängenden und unlogisch durchgeführten Handlung. „Wahrhaftig, man glaubt in einer bezauberten Welt zu leben, so wenig weiß man, wie man mit diesen Personen daran ist! Es ist wahr, manche Szenen gewähren Unterhaltung, aber könnte dies nicht auch bei einer zusammenhängenden Einrichtung des Stückes erreicht werden?“ So fehlte ihm die innere Ruhe —

jetzt, am Ziel seines Ehrgeizes, sollte ihm der Boden unter den Füßen schwinden? Bartholomäus Zitterbarth war eifersüchtig, stritt und stänkerte, benahm sich wie der eigentliche Herr des Unternehmens, der Zank nahm kein Ende — und Emanuel hatte keinen Halt, keine Stütze gegen die Neider und Feinde, die gegen ihn schürten und hetzten! Endlich verkaufte er am 20. Mai 1802 sein Privilegium um 100 000 Gulden an Zitterbarth, der vom Juli an „Besitzer und Direktor" war — er mußte aber Schikaneder als Dichter und Schauspieler behalten, ihm für jede neue Oper 400 fl., für jedes Schauspiel 200 fl. und für jeden Spielabend 50 fl. zahlen. Am 13. Juni, dem Jahrestag der Eröffnung, hatte bei der Erstaufführung der „Zauberflöte" Schikaneder als Papageno in einem Jubellied betont, er werde sich nie von seinen „Gönnern" trennen. Aber er fühlte, daß die Gunst dieser Gönner im Schwinden war. Seine Stücke gefielen nicht mehr so wie einst, er fand nicht mehr den alten Beifall. Auch fühlte er sich nicht gesund. Eine Kur in Karlsbad brachte nur leichte Besserung; am 1. August trat er als Gast im Karlsbader städtischen Theater als Tyroler Wastel auf und sang ein Lied voll wehmütigen Humors: Man habe ihm verboten, zu viel zu essen und zu trinken, doch trinke er zwar den Sprudel, esse aber dann „sein Hendel mit Nudeln" und trinke Melniker Wein, denn der Doktor habe ja gesagt, er werde wieder gesund werden.

Als während seiner Abwesenheit sein Neffe Karl, den er selbst nach Wien gerufen hatte, (am 4. September 1802) ankam und dreimal nacheinander mit großem Beifall als Tyroler Wastel auftrat, verfeindete sich Schikaneder mit ihm und hintertrieb sein Engagement. Karl ging nach Preßburg.

Größenwahn und ohnmächtiger Grimm gegen die Feinde, die ihn der Undankbarkeit gegen Mozart beschuldigten und seine Stücke verachteten, ließen ihn den Plan einer Selbstbiographie fassen. Aber es blieb damit bei prahlerischen Ankündigungen; der Eipeldauer, der 1802 das Erscheinen des Werks für Neujahr bestimmt vorausgesagt hatte, teilte Mitte 1803 mit, Schikaneder werde die Biographie nicht drucken lassen, aber bis zu seinem Tod fortsetzen und seinen Erben vermachen. Die Ankündigung dieses Buches (Allgem. Literaturzeitung, Jena 1802, Nr. 101) ist ein trauriges Zeugnis für den fortgeschrittenen geistigen Verfall Schikaneders; ein phantastisch-unsinniger Stil, unglaubliche Selbstüberschätzung, wildes Drohen gegen seine Feinde, bittere Angst vor Verleumdung und Verfolgung lassen ihn krank erscheinen. Von den drei Bänden des „Vollständigen Lebenslaufs des Emanuel Schikaneders" sollte der erste im Januar 1803 erscheinen.

Ende 1802 zog er sich vom Theater zurück, kaufte ein Landhaus in Nußdorf und begann dort, fern von der Welt, von seinem Geld zu leben. Eine damals gedruckte „Ode an Herrn Emanuel Schikaneder von einem Freund" feiert ihn im hochtrabenden Pathos schwungvoller alcäischer Strophen:

„Der du geendet ruhmvoll die Laufbahn und
Von schwerer Mühe, menschliche Launen zu
Vergnügen, nun ausruhst auf Rosen,
Höre mit Beyfall mein Lied ertönen!

Nun stehst du froh am Ziele. Genieß der Ruh,
Genieß des Glückes, das dein Verdienst ersiegt!
Dein Name sonnet in Annalen,
Aber die Hand, die ihn schrieb, ist sterblich."

Das Haus Hackhofergasse 18, ursprünglich ein „Freihof" des Stiftes Passau, hatte eine eigene Kapelle mit einem Altar aus dem achtzehnten Jahrhundert; den schönen Garten hatte ein späterer Besitzer mit Statuen geschmückt. Schikaneder kaufte es um 10 000 Gulden, ein in seinem Auftrag gemaltes großes Deckenfreskogemälde im großen Saal, ein Werk des Dekorationsmalers des Theaters an der Wien,

Vinzenz Sacchetti, stellte die Königin der Nacht dar, den Monostatos, die Damen und die drei Knaben. Doch sein unsteter Geist konnte nicht zur Ruhe kommen. Schon im Februar 1803 trat er wieder als Schuster im „Abgebrannten Haus" auf, bei der Aufführung von Salieris „Palmira" ritt er auf einem Kamel, er inszenierte „Das Labyrinth" mit ungeahnter Pracht und bemühte sich, Beethoven zur Komposition einer Oper zu bewegen. Der ganz unfähige Zitterbarth hatte ihn wieder als „artistischen Leiter" anstellen müssen. Aber der Aufregung und Enttäuschung war kein Ende; Ende 1803 wurden drei neue Stücke Schikaneders ausgezischt und ausgepfiffen — seine Feinde sprengten aus, er sei wahnsinnig.

So spielte ihm das Schicksal mit: In äußerem Reichtum und Wohlstand war er innerlich eine Beute von Kränkung und Aufregung, bangend vor künftigem Unheil. In dieser Stimmung richtete er seine Gedanken auf ernste Ziele. Sein am 17. Dezember 1803 von ihm und zwei Zeugen unterschriebenes Testament bekundet Emanuels Einkehr in sich selbst. Dieses im Archiv der Stadt Wien aufbewahrte umfangreiche Dokument beginnt mit den Worten: „In Anbetracht der Vergänglichkeit alles Irdischen und in Rücksicht dessen, daß die Stunde des Todes für jeden Menschen unbestimmt ist, so habe ich bey meiner vollkommenen Gesundheit und gänzlichem Gebrauch meines Verstandes frey und ungezwungen folgende letztwillige Anordnung zu treffen für gut befunden." Es enthält achtzehn, zum Teil sehr ausführliche Bestimmungen. Die ersten beiden lauten: „1^{tens} Solle mein entseelter Körper still und ohne Gepränge beerdigt werden. 2^{tens} Sollen nach meinem Tode zwölf heilige Messen in der Pfarrkirche zu Nußdorf gelesen werden, zu welchem Endzweck ich zwölf Gulden legiere." Es folgen Legate: dem Armen-Institut und dem Normalschulfonds je „zwey Gulden", dem Allgemeinen Krankenhaus 50 Gulden; eine ganze Reihe einzeln angeführter Personen werden bedacht — einige Einzelheiten sind besonders bemerkenswert: „Dem Bedienten, der bey meinem Ableben vorhanden ist, legiere ich fünfzig Gulden sowie der nach meinem Ableben vorhandenen Köchin ich gleichfalls fünfzig Gulden legiere, ferner legiere ich der Franziska Ginschlin, wenn selbe bey meinem Ableben noch in meinen Diensten seyn sollte, 500 Gulden, sollte sie aber bey meinem Ableben nicht mehr in meinen Diensten seyn, so legiere ich ihr 200 Gulden" — dazu gehört: „legiere ich der Franziska Ginschlin ihrem Kinde Franz Schikaneder drey Tausend Gulden". Weiter wird bestimmt, es „solle der theatralischen Gesellschaft an der Wien den Tag nach meinem Begräbnis ein Souper gegeben und hiezu einhundert Gulden ausbezahlet werden"; dann „legiere ich mein sämtliches Silber, Schmuck, Meublen, Kleider, Wäsche, Bibliothek und sämtliche wie immer Namen habende Einrichtung meiner Ehegattin Eleonora Schikaneder geborene Arth; Gemälde aber und Wein gehören zur Verlassenschaftsmassa". Wie ernst aber Emanuel seine Kunst nahm, wie sehr er diese Kunst liebte und daß er auch im Wohlstand des kümmerlichen Lebens des Schauspielers gedachte, beweisen folgende Anordnungen: „... sollen vier Wochen nach meinem Tode demjenigen reisenden Schauspieler, welcher ohne Vermögen und ohne Pension ist und welchem die Herren Hofschauspieler das Zeugnis geben, daß er entweder ein guter Schauspieler wirklich ist oder gewesen ist, einhundert Gulden bar ausgezahlet werden", und „... legiere ich dem berühmten Dichter Herrn Wieland in Weimar als Verfasser des Dschinnistan dreyhundert Gulden, sollte er aber vor mir mit Todt abgehen, so legiere ich diese dreyhundert Gulden dem Herrn Schiller, unserm deutschen Schaeckspair, der Kabale und Liebe verfaßte, für welches Legat aber Herr Schiller ersuchet wird, ein theatralisches Stück zu verfassen, dieses Stück darf aber an keinen Buchhändler verkauft, sondern solle an jedes Theater in Deutschland geschickt werden und jedes honorarium, so waß dem Entrepreneur entrichtet wird, ist an Herrn Schiller einzusenden, welches Geld sodann zur Aufmunterung der jungen Schriftsteller im theatralischen Fache dem besten Subjekte zuzutheilen Herr Schiller ersuchet wird". Schließlich wird „zu meiner wahren, aber bedingten Universalerbin meine vielgeliebte Ehegattin Eleonora Schikaneder, gebohrene Arth hiemit feyerlichst ernennet und eingesetzet" — sie sollte lebenslang vom Kapital und den unbeweglichen Gütern „den Fruchtgenuß behalten", jedoch keine Schulden machen und die Realitäten nur veräußern dürfen, wenn „nach Beschaffenheit der Umstände durch den Verkauf der Realitäten der Fruchtgenuß erhöhet werden könne"; nach dem Tod der Witwe sollten „a) an meinen Bruder Urban Schikaneder oder dessen Erben, b) an meine Schwester Katharina, verehelichte Berzlin, Schustermeisterin in Regensburg, oder deren Kinder, c) an die Johann Arthischen Kinder je 500 Gulden bezahlt und das übrige Vermögen zu gleichen Teilen ‚der Schikanederischen Linie' und ‚den Anverwandten meiner Ehegattin' zufallen." Ich habe das Testament erwähnt, weil es bisher nicht veröffentlicht war und weil es meiner Meinung nach einen gewissen menschlichen Wert besitzt.

Zitterbarth, der das Theater fast ruiniert hatte, verkaufte es im Februar 1804 für eine Million Gulden an Baron Braun, Schikaneders Todfeind. Braun entließ Schikaneder sofort, konnte aber dessen praktische Erfahrung nicht entbehren und sah sich gezwungen, wollte er nicht das Theater zugrunde gehen lassen, ihn zurückzurufen und als „Direktor" zu engagieren. Am 1. September 1804 stellte sich dieser dem Publikum wieder als Leiter des Theaters vor, was er bis Ende 1806 geblieben ist. Er hatte zu diesem Zweck ein Lokalstück geschrieben, „Die Hauer in Österreich", worin eine uneinige Gemeinde endlich ihn zum Richter wählte. Dann hielt er eine lange Rede gegen die französischen Opern: Er sei ein deutscher Hauer, werde auf seinem Weinberg keine ausländischen Trauben ziehen, er habe den Weinberg erbaut, und die jungen Hauer sollten, anstatt ihn auszulachen, sich von ihm belehren lassen. Johlen und Schreien, allgemeines Mißfallen war die Folge dieser Rede, der Abend wurde zu einem ungeheueren Skandal, man klatschte und zischte gegeneinander, die ärgsten Zischer wurden verhaftet. Eine feindliche Partei suchte ihn unmöglich zu machen. Man pfiff ihn als Tyroler Wastel aus, denn „er spielte ohne Leben, deklamierte schlecht und versuchte durch Mätzchen zu verblüffen". Die alte Oper „Der Stein der Weisen" fiel kläglich durch — „der bessere Teil des Publikums ist nun entschieden gegen Schikaneder eingenommen, und jene Musikstücke, deren Wiederholung man vor zehn Jahren mit Enthusiasmus verlangte, wurden jetzt kalt oder mit Zischen aufgenommen". Am 2. Mai 1805 folgte ein neues Lustspiel „Licht und Schatten", voll gehässiger Ausfälle gegen das Publikum — es fiel durch, und man rief den Verfasser zum Spaß heraus, um ihn, als er verdutzt erschien, auszuhöhnen. Seine neuen Operntexte waren nicht mehr ernst zu nehmen. Am 5. Mai gab er „Swetards Zaubertal" (Musik von Fischer), worin die Bühne in ein riesiges Fernrohr verwandelt war, durch das das Publikum blicken konnte. Noch ärger stand es mit der am 10. August aufgeführten Oper „Vestas Feuer" mit Musik von Joseph Weigl, deren Handlung nur aus Dekorationen und Zaubergräueln bestand — am Himmel erschienen feurige Kometen und blutige Schwerter, zuletzt stürzte der Vestatempel ein. Beide Opern fielen durch, seinen neuen Lokalstücken ging es noch ärger.

In dieser Zeit, im Sommer 1805, hat Beethoven für das Theater an der Wien seine „Leonore" geschaffen. Baron Braun führte einen alten Plan Schikaneders aus, als er Ende 1804 Beethoven den Antrag stellte und ihm außer dem Honorar auch freie Wohnung im Theatergebäude während der Dauer der Komposition versprach. Im Winter 1804 auf 1805 bekam Beethoven das Textbuch, Mitte Juni 1805 war er mit der Skizzierung der Musik fertig, im Frühherbst begann die Einstudierung unter den unerquicklichsten Umständen. Schikaneder als Theaterleiter war kaum mehr ernst zu nehmen, es gab keine rechte Ordnung. Die Bevölkerung Wiens war aber auch durch die Nachrichten über den Verlauf des dritten Koalitionskrieges aufgeregt und der Verzweiflung nahe. General Mack, auf den man gehofft hatte, war nicht imstande gewesen, Napoleon zuvorzukommen. Ungehindert überschritt der Franzosenkaiser an fünf Punkten den Rhein, umzingelte Mack und dessen Armee und zwang diese am 17. Oktober 1805, sich bei Ulm ohne einen Schwertstreich zu ergeben. Die Kunde von dieser Katastrophe kam am 20. Oktober nach Wien — in die unbeschützte Stadt. Die Bevölkerung wurde von Panik erfaßt; wer konnte, verließ die Stadt. Am 13. November zog die französische Armee in Wien ein, am 15. war Napoleon in Schönbrunn — am 20. war im Theater an der Wien die erste Aufführung des „Fidelio". Das Schicksal der neuen Oper war damit von vornherein besiegelt.

Im April 1806 wurde Schikaneders Lustspiel „Die Kurgäste am Sauerbrunnen" verhöhnt und ausgezischt. Noch versuchte er in ohnmächtigem Eigensinn, sich durchzusetzen, doch vergeblich. Baron Braun ließ ihn gewähren und verkaufte das Theater Ende 1806 an eine „Gesellschaft von Kavalieren". Schikaneder legte endgültig seine Stellung nieder. Kurz vorher war Zitterbarth plötzlich gestorben.

Die durch Schikaneder angebahnte Beziehung zwischen dem Theater an der Wien und Beethoven führte gerade in diesem Jahr 1806 zu einem wichtigen Ergebnis: zur Entstehung eines musikalischen Wunderwerks, nämlich des einzigen Violinkonzerts Beethovens (D-Dur op. 61). Beethoven schuf es für den Primgeiger und „Orchesterdirektor" des Theaters Franz Joseph Clement, den er für „einen der größten Künstler" hielt. Schikaneder hatte den Brauch der Orchesterkonzerte vom Freihaus in das neue Theater übertragen. Am 23. Dezember 1806 spielte Clement das eigens für ihn geschaffene Konzert in einer Akademie im Theater — zum erstenmal erklang dort das Kunstwerk, in dessen drei Sätzen die Seele der Geige zum Hörer spricht und ihn in eine bessere Welt entrückt. So ist Schikaneder außer durch den „Fidelio" auch mittelbar durch das Violinkonzert mit Beethoven verbunden.

DIREKTION IN BRÜNN

1807 übernahm er die Direktion des Brünner Stadttheaters, das er am 22. März mit einer trefflichen Gesellschaft (darunter Perinet, Heurteur und sein Neffe Karl) mit „Adelheid, Markgräfin von Burgau" von Frau v. Weissenthurn eröffnete. Nach gutem und bescheidenem Anfang verlor er sich aber in wüste Phantasien und Zukunftspläne — eine noch nie in der Welt gesehene Herrlichkeit wollte er vorführen. Erst gab er seine alten Ritterstücke, dann ein neues Werk: „Die Schweden vor Brünn; ein wahres Gemälde voriger Zeiten, worin Vaterlandsliebe und Tapferkeit unserer Vorfahren mit Wahrheit dargestellt werden." Dabei waren über dreihundert Mann Infanterie und Kavallerie auf der Bühne und die von dem alten Herrn persönlich geleiteten Proben begannen schon um sechs Uhr früh. Im Fasching 1808 veranstaltete er Maskenbälle von phantastischer Pracht, darunter einen Einzug zu Pferde und eine große „Feerie" mit künstlichen Wolken und einem im Saal frei schwebenden Luftballon. Dann folgten Aufführungen des „Waltron" und „Grandprofoß" mit Pferden und Kanonen. Auf der „Königswiese" bei Kumrowitz baute er eine große Arena mit zwei Reihen Logen — dort tobte sich sein Trieb nach Realismus entfesselt aus in Stücken aus der mährischen Geschichte mit Kämpfen, Einzügen, Festlichkeiten,

Paraden, Musik und Tänzen und einem Feuerwerk zum Schluß. Solche Stücke waren „Schembera, Herr von Boskowitz" – eine Reihe farbiger Tableaus voll Zauberei und Gefechten, mit Hochzeitszug und Palasteinsturz, und „Friedegilde, Königin von Mähren".

Zu Ostern 1809 trat er vom Theater ab und ging nach Wien zurück, wo man ihm die Direktion eines neu zu erbauenden Theaters in der Josephstadt angeboten hatte.

LETZTE LEBENSJAHRE UND ZUSAMMENBRUCH

Der Frühling 1809 brachte schwere und folgenschwere Kriegsereignisse mit sich. Zunächst kam Anfang Mai Napoleon mit ganzen Massen Infanterie und Artillerie am rechten Donauufer bis Nußdorf, ein weites Lager wurde aufgeschlagen und die ganze Umgegend zehn Tage verheert und geplündert – in der grausamsten und rohesten Weise, wobei besonders die mit den Franzosen verbündeten Württemberger schamlos vorgingen und sich austobten. Das Lager blieb, bis Napoleon in der Lobau über die Donau ans linke Ufer gegangen war. Nach dem Abzug des Heeres setzte die Wiener Landwehr vom linken auf das rechte Donauufer über, machte einen Streifzug bis Grinzing, nahm dort mehrere französische Generale gefangen und brachte sie auf das linke Ufer, worauf die schon bei der Nußdorfer Linie befindlichen französischen Abteilungen eilig zurückmarschierten und Nußdorf zum zweitenmal besetzten. Dabei kam es wieder zu Gewalttaten, Morden und Plünderungen. Die Folge war ein unsagbares Elend der Bewohner. Auch Schikaneders Landhaus und Garten wurden verwüstet und zerstört, und da der Plan des neuen Josephstädter Theaters nicht ausgeführt wurde, im Theater an der Wien die moderne französische Oper herrschte und Emanuel von der einstigen Konkurrenzbühne in der Leopoldstadt nichts zu hoffen hatte, blieb ihm nichts übrig, als die Reste seines Eigentums zu verkaufen und dann Schulden zu machen. Die Zukunft lag vor ihm in trostlosem Dunkel. 1811 brachte ihn die Geldentwertung an den Bettelstab.

Karl Schikaneder, der als Regisseur in Brünn geblieben war, kam 1811 nach Wien; er war von dem einstigen Hausdichter und jetzigen Direktor des Leopoldstädter Theaters Hensler zu einem Gastspiel eingeladen worden, das er am 2. April 1811 als Tyroler Wastel in seines Oheims Volksstück so erfolgreich absolvierte, daß er sofort als Schauspieler und „Baßbuffo" engagiert wurde. Karl bemerkte an seinem Onkel Emanuel eine ganz seltsame Verwirrtheit und Zerstreutheit. Dieser war inzwischen als Direktor des neu erbauten Theaters, das Anfang 1812 eröffnet werden sollte, nach Pest engagiert worden und sprach prahlerisch von den Wunderdingen, die er dort verrichten werde. Auf der Reise brach der Wahnsinn, der schon lang gelauert hatte, offen aus; in Pest angekommen, erkannte er niemanden und wußte nicht mehr, daß er als Direktor engagiert war.

Die Besitzer des Pester Theaters — das am 9. Februar 1812 mit Kotzebues „Ungarns erster Wohltäter" und „Die Ruinen von Athen" (Musik und Chöre von Beethoven) eröffnet wurde — gaben Frau Schikaneder eine Abfertigungssumme; sie fuhr nach Steyr in Oberösterreich und wollte am dortigen Theater etwas verdienen — doch sie hatte kein Glück, ihr Mann war ein arges Hindernis — einmal versuchte er, mit einem Beil die Bühne zu zertrümmern. So fuhr sie mit dem Wahnsinnigen nach Wien zurück. Sie widmete sich aufopfernd der Pflege des hilflosen Unglücklichen. Der Arme saß „vom Morgen bis zum Abend unbeweglich, in ein Bettlaken gehüllt, welches auch den Kopf bedeckte. Erschien ein Fremder oder alter Freund, ihn zu besuchen, so streckte er den Kopf aus dem Bettlaken hervor, starrte den Besucher an und fragte: ‚Haben Sie Maria Theresia und den Kaiser Joseph gekannt?‘ Fiel die Antwort bejahend aus, so sprach er einige verwirrte Worte, zog sich aber schnell unter sein Bettlaken zurück; wurde die Frage mit ‚Nein‘ beantwortet, so erfolgte der Rückzug in größter Eile, von keinem Wort begleitet.“

Da regte sich das Mitleid in den Herzen derer, die Schikaneders Bedeutung für das Wiener Volkstheater zu würdigen wußten. Die Direktion des Theaters an der Wien bewilligte ihm von der Einnahme jeder Aufführung der „Zauberflöte“ vier Prozent auf Lebenszeit. Direktor Hensler führte im Leopoldstädter Theater „Die Schweden vor Brünn“ als Benefizvorstellung für Schikaneder auf und rief auf dem Theaterzettel das Mitleid des Publikums an für den Armen, der sechzig Jahre glücklich gelebt habe und jetzt im einundsechzigsten nicht fühlen könne, wie unglücklich er sei. Schikaneder bekam eine große Summe durch diese Tat Henslers, die „einen Dürftigen unterstützte, dessen Lage wirklich Mitleid und Hilfe fordert“. Joseph Richter bezeugte in seinem „Jungen Eipeldauer“ (1812; 9, 34) dem „guten alten Herrn Schikaneder“ warmes Mitgefühl und verwies nachdrücklich auf das, was Wien ihm verdanke.

ENDE UND AUSKLANG

Schikaneders Kräfte nahmen täglich mehr ab und endlich erlöste ihn der Tod von seinem Jammer. Er starb am 21. September 1812 im „Nerbaßschen Haus“, Alservorstadt Nr. 30 (heute Florianigasse 36), „an einer Nervenschwäche“. Die amtliche „Sperrs-Relation“ nennt als „nachgelassene Ehegattin“ des „gewesenen Opern- und Schauspieldirektors“

Frau Eleonora Schikaneder und als Nachkommen ein uneheliches Kind: „Franz Schikaneder, 10 Jahr alt, bey der Witwe im Sterbeorte“, zu dessen Vormund „Herr Thomas Matthias Rögner, k. k. Hofagent, wohnhaft auf der Wieden Nr. 89, im Tiefen Haus“ (heute Wiedner Hauptstraße 4) vorgeschlagen wurde. Die Schätzung des Nachlasses hatte das folgende Ergebnis:

„Das Vermögen besteht in Folgendem:

An barem Gelde	Nichts.
An der Leibskleidung und do. Wäsche:	
1 schwarztüchener Frack und 1 brauntüchener Kaput	15 fl. —
7 Gilets und 2 Beinkleider	10 ” —
1 blautüchener Mantel	14 ” —
1 Hut, 1 ordinärer Stock, 1 Paar Handschuh und 2 Paar alte Stiefel	5 ” —
9 Hemden, 4 Hals- und Sacktüchel, 4 Paar seidene und 6 Paar Unterziehstrümpf, 14 Gatien, 3 Servietten und 3 Handtücher ..	19 ” —
Verschiedene alte Lesebücher	8 ” —
Summa	71 fl. —

Notand: Die von der fr. Witwe einstweilen bestrittenen Krankheits- und Leichkösten im Betrage pr 36 fl. W. W. sollen derselben der Angabe nach von der k. k. Hoftheaterdirektion wieder vergütet werden. Es wurde die enge Sperre angelegt.

Anmerkung: Die in der Wohnung des Erblassers vorfindigen Einrichtungsstücke und Bettgewand sollen nach Angabe der Witwe ein Eigentum der Hausinhaberin Maria Nerbaß seyn.“

So kläglich endete der Mann, der nach einem an wechselvollen Schicksalen, aber auch an Arbeit und Erfolg reichen Leben zu Geld, Haus- und Grundbesitz gekommen war und kurze Zeit das Dasein eines vermögenden Privatiers hatte führen können — und der alles, was er besaß, verloren hatte. Ärmer als ein Bettler ist er gestorben. Die Einsegnung der „Armenleiche" fand in der Pfarrkirche zur Allerheiligsten Dreifaltigkeit in der Alservorstadt (Alserstraße 17) statt. Emanuel wurde auf dem allgemeinen Friedhof vor der Nußdorfer Linie begraben — dem der Alservorstadt zugewiesenen Begräbnisplatz — in einem Massengrab. So traurig endete die Geschichte von dem lustigen Vogelfänger Papageno. Sänger, Chor und Orchester des Theaters an der Wien hielten am 30. September 1812 — genau 21 Jahre nach dem Tag der Erstaufführung der „Zauberflöte" — in der Pfarrkirche zum heiligen Joseph ob der Laimgrube — der für das Theater an der Wien zuständigen Pfarre — eine Trauerfeier für ihn ab. Die großen, hehren Klänge des „Requiems", in denen der lang vorausgegangene Mozart seinen Künstlergeist ausgehaucht hatte; abgerufen in der Blüte seiner Jahre, mitten in regem Schaffen — sie ertönten bei der Totenfeier des armen leichtsinnigen Freundes, der im Alter so elend und kläglich gestorben war! Mit dieser Aufführung achteten die Mitglieder des Theaters die treue Freundschaft, die einst Mozart mit Schikaneder verbunden hatte, und durch sie wurde Emanuel Schikaneder als das geehrt, was er gewesen ist: „Der Vater der ‚Zauberflöte'."

Urban Schikaneder starb am 11. April 1818 im Haus „Leopoldstadt Nr. 431". Sein Sohn Karl wurde Opernsänger und Regisseuer in Prag, er gründete eine Familie, deren Nachkommen fast alle Künstler wurden, einer ein Maler, die meisten Schauspieler.

Eleonore hat ihren Mann um nicht ganz neun Jahre überlebt. Ferdinand Graf Pálffy von Erdöd, ein Edelmann voll Liebe und Verständnis für die Kunst, nahm sich ihrer nach Kräften an. Bei Schikaneders Tod war er der leitende Direktor der beiden Hoftheater — er veranlaßte, daß der Witwe die „Krankheits- und Leichkösten" von der Hoftheaterdirektion ersetzt wurden. 1813 übernahm er auch das Theater an der Wien, das durch seine Tätigkeit zu neuer Blüte gebracht wurde. Der Graf handelte menschlich und vornehm wie ein Kavalier; er bewilligte der Witwe des „Zauberflöte"-Dichters eine jährliche Pension und freie Wohnung im Gebäude des Theaters an der Wien. So war die alte Frau für den Rest ihrer Lebenszeit wenigstens vor den ärgsten Sorgen gesichert. Sie wohnte unter dem Dach des Hauses, das ihr Gatte einst geplant und gebaut, in dem er zuletzt noch einmal das Glück und Unglück des von der Gunst der Menschen abhängigen Künstlers erlebt hatte. Ein kurzer Weg führte sie auf dem Kettensteg über die Wien in das Freihaus, in dessen großem Hof die Bäume des alten Gartens grünten — kein Stein war geblieben von dem einstigen Theater, dem zuliebe sie und ihr Gatte sich versöhnt hatten und in dem sie dann beide in gemeinsamer Arbeit so viele Jahre fleißig tätig gewesen waren. Wenn sie an ihr vergangenes Leben dachte, kam es ihr vor wie ein Traum — die Jugendzeit bei der Wanderbühne, die Heirat mit dem jungen, berühmten Schauspieler und Bühnendichter; ihre eigenen Triumphe als Sängerin, Tänzerin, Schauspielerin: Ophelia, Agnes Bernauer, deren Unschuld die Zuschauer zu Tränen rührte; „Madame Schikaneder als Milchmädchen", der berauschende Beifallsjubel vieler Hunderte Zuschauer, die Gedichte zum Preis ihrer jugendlichen Anmut und zierlichen Schönheit — die aus Kränkung über den treulosen, flatterhaften Gatten vergossenen heißen Tränen, die Liebe zu dem Schöngeist Friedel, die Trennung von Emanuel und das Wiederfinden mit ihm nach Friedels Tod —, all die Nöte und Sorgen um das tägliche Brot; Mozarts Lichtgestalt, die nach dem aufgegangenen Wunder der „Zauberflöte" dahingerafft wurde; die Ängste und Greuel des Krieges — endlich die geistige Zerrüttung Emanuels, die Pflege des hilflos Kranken in bitterster Armut –, war das alles zusammen wirklich das Leben wert gewesen?

Eleonore Schikaneder starb am 22. Juni 1821, 76 Jahre alt. Sie wurde auf dem Friedhof vor der Hundsturmer Linie begraben. Sie war in Hermannstadt in Siebenbürgen geboren, ihre Verwandten lebten weit entfernt von Wien, in Guttenbrunn in Südungarn – in Wien wird sich kaum jemand viel um ihre Ruhestätte gekümmert haben. Ungepflegtes Gesträuch und wild wachsende Blumen bedeckten ihr vergessenes Grab – das Grab der einstigen Gefährtin des „Vaters der ‚Zauberflöte'".

BILDNACHWEIS

Sämtliche Bilder stammen aus dem Bildarchiv der Österreichischen Nationalbibliothek

REGISTER*

* die kursiv gesetzten Namen beziehen sich auf Personen aus Opern, Dramen usw.

G